KB053782

국가,
있어야 할 곳에는 없고,
없어야 할 곳에는 있다.

국가,
있어야 할 곳에는 없고,
없어야 할 곳에는 있다.

자유주의와 사회안전망을 위한 혁명

/

김병준

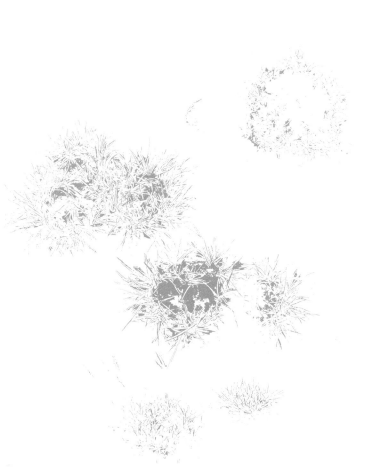

세상 모든 것에는 수명이 있다. 한 나라를 운영하는 틀과 제도 그리고 방법의 총합이라 할 수 있는 '레짐régime,' 즉 체제도 마찬가지이다. 한때 유용했다 하더라도 세상이 달라지면 무용지물이 되거나, 오히려 우리의 앞길을 막는 장해물이 된다.

지금 우리의 '레짐'은 국가주의이다. 국가권력이 교육, 문화, 산업, 경제, 등 곳곳에서 우리를 승인하고, 허가하고, 지배하고, 감독하고, 정탐하고, 관리하고, 등록시키고, 처벌하고… 한다. 그 속에서 시장과 공동체, 그리고 국민 한 사람 한 사람이 가진 역동성과 혁신역량이 죽는다.

못 느끼겠다고? 여기서 얼마나 더 국가로부터 자유로워야 하느냐고? 그래서 '레짐'이다. 역사적 생명을 다한 '레짐'임에도 불구하고, 나도 모르게 나 자신부터 그 충성스런 일원이 되어 있는 것이다.

망국亡國 조선, 사회변화와 함께 어느 순간 그 역사적 수명을 다한 세습왕정이 조선의 발목을 잡았다. 앞선 나라에서는 이미 다 사라진 세습체제가 '망국의 늪'이 되어 조선이 가진 역동성을 삼킨 것이다. 조선을 망친 것으로 되어 있는 당쟁과 세도정치도 많은 부분, 바로 이 잘못된 레짐의 필연적 산물이었다.

지금의 국가주의 체제도 마찬가지이다. 모든 대통령이 실패하는 것도, 모든 국회의원이 '파렴치'가 되는 것도, 진영논리와 대중영합주의가 판을 치는 것도, 또 우리의 교육이 이모양이고, 시장 안의 분배구조가 이 꼴인 것도… 모두 이와 무관하지 않다. 제대로 살아있지도 죽지도 않는 국가가 안보와 사회안전망의 확보 등, 제대로 있어야 할 곳에는 있지 않고, 없어도 될 곳에서 무딘 칼을 휘두르고 있는 데 따른 결과이다.

더 큰 비극은 이에 대한 질문조차 제대로 하고 있지 않다는 사실이다. 세습왕정에 대한 문제제기 없이 '성군聖君'만 찾던 조선이 결국 망국의 길로 갔듯이, 망국과 흥국의 갈림길에 서 있는 이 시기에 우리 역시 누가 대통령이 되느냐, 어느 쪽이 이기는가만 이야기하고 있다.

긴 글을 쓸 때는 대부분 참지 못해 쓴다. 이 책 또한 마찬가지이다. 잘못된 진영논리에 가슴이 답답하고, 우리 모두 이보다 잘 살 수 있다는 희망이 오히려 가슴을 도려내듯 아파서 쓴다. 독자들을 위한 책이기 이전에, 나 자신의 고통을 위로하기 위한 기록이라 해도 좋다. 먼 훗날, 이 시대에 이런 고민을 한 사람이 있었다는 흔적이라도 남기고 싶은 것이다.

선출판사의 김윤태 대표와 임직원께 감사드린다. 그리고 언제나 그렇듯, 또 한 번 첫 독자 겸 교정자proof-reader가 되어 준 가족에게 감사한다.

2021년 8월
김병준

국가,
있어야 할 곳에는 없고,
없어야 할 곳에는 있다.

1

———

'망국의 늪'
그리고
누보 레짐(nouveau régime)의 꿈

당쟁과 세도정치로 조선이 망했다고? 아니다. 그것은 오히려 시대변화와 함께 생명을 다한 체제, 세습왕정의 산물이었다. 스스로 변하거나 아니면 다른 힘에 의해 다른 체제로 전환되었어야 할 세습왕정이 죽지도 살지도 않는 '좀비'가 되어 나라와 백성을 망국(亡國)의 길로 내몰았다.

지금도 마찬가지이다. 생명을 다한 체제가 '망국의 늪'이 되어 우리를 삼키고 있다. 그 체제는 국가주의이다. 얼마나 많은 대통령이 감옥에 가고, 얼마나 많은 대통령이 죽어 나가야 이것이 사람의 문제이기 이전에 체제의 문제임을 알겠는가?

'앙시앙 레짐(ancient régime)'으로서의 국가주의 체제를 벗어나, '누보 레짐 (nouveau régime)'으로서의 사회적 안전망이 갖추어진 자유주의 체제를 불러본다.

1-1

망국의 두 장면

신미양요, 그 참혹함

"대부분 머리에 총을 맞았다. 입은 옷이 흰옷이라 피를 흘리며 죽어간 모습이 더 끔찍했다. 모두 돼지처럼 피를 흘린 채(bled like pigs) 죽어 있었다."

1871년 6월 신미양요 때의 일이다. 광성보 전투가 끝난 후, 미 해병대의 틸톤 McClane Tilton 대위는 조선군 전사자들의 모습을 위와 같이 적었다. 한 시간 남짓의 전투에 전멸, 패배도 그런 패배가 없었다. 그래도 그렇지, 돼지처럼? 150년이 넘게 지난 지금에도 읽는 사람의 마음을 참담하게 만든다.

조선군은 맹렬히 싸웠다. 가진 무기라고는 목표를 겨냥할 수도 없는 대포에, 사거리 100m의 화승총이 고작이었다. 그것도 1분에 한두 발밖에 쏠 수 없는 총, 미군이 성벽 가까이 오자 재장전할 시간이 없는 조선군은 몸을 드러낸 채 돌을 던지고 흙을 뿌렸다. 후방에 있는 미군이 이를 놓칠 리 없었다. 이들의 머리를 향해 저격하듯 레밍턴 Remington 소총의 방아쇠를 당겼다. 사거리 400m, 높은 명중률에 1분에 10발을 발사할 수 있는 최신식 총이었다.

승패는 이미 정해져 있었다. '돼지처럼' 피를 흘리며 죽어간 병사가 약 250명, 100명 안팎은 바다에 뛰어내려 자결했다. 그중에는 전국에서 징발된 호랑이 잡는 포수도 있었다. 굳이 말하자면 일반 백성이었다. 미군 사망자는 고작 3명, 그것도 한 명은 실족사, 또 다른 한 명은 미군의 오인사격으로 인한 사망이었다.

미군의 완승, 그러나 미군은 기뻐할 수 없었다. 예기치 않았던 조선군의 끈질김, 그리고 그로 인해 원하든 원하지 않았든 저지를 수밖에 없었던 일방적 '도살'에 고개를 숙였다. 전투가 끝나고 한 시간, 두 시간, 시간이 갈수록 이들은 그 처참하고도 비인간적인 결과에 몸을 떨어야 했다.

'이런 전투를 얼마나 더 해야 하고, 또 얼마나 더 죽여야 한다는 말인가?'

결국, 미군은 발길을 돌렸다. 이런 전투를 더 이상 하고 싶지 않았기 때문이다. 그 이후로도 미국과 미군은 조선과의 직접적인 분쟁이나 전투를 피하고자 했다. 조선의 병사와 백성들은 죽은 뒤에도 그 참혹한 모습으로 이들과 싸우고 있었던 셈이다.

병사와 백성들이 이렇게 죽어갈 때, 당시의 조정朝廷은, 또 정치하는 사람들은 무엇을 하고 있었을까?

무능하고 비열했다. 병사와 무기가 부족해 호랑이 잡은 포수까지 징발하고, 대포 같지 않은 대포와 총 같지도 않은 총을 무기라고 내어 주었다. 사거리가 긴 미군의 총이 걱정되긴 했던 모양, 6월 중순 더운 볕에, 13겹 삼베옷과 8겹 솜옷을 방탄복이라고 입혔다. 그런 뒤, 지고도 살아 돌아오는 자는 식구들까지 목을 칠 것이라 위협했다.

총을 맞을 줄 알면서도 성곽 위에 올라가 돌을 던지고, 흙을 뿌리고… 살아남느니 차라리 죽겠다고 바다로 뛰어내려 자결을 하고… 포로로 잡혀서는 죽여 달라 울부짖고… 그렇게 처절하게 싸워도 한 시간 남짓밖에 버티지 못한 전투였다. 당시의 조정과 정치는 이런 전투로 죄 없는 병사와 백성을 내몰았다. 뭐라고? 그럴 수밖에 없었다고? 그래서 더 화가 난다. 어떻게 해서 나라꼴을 이 그 지경으로 만들어 놓았나.

기록도 엉망이다. 《고종실록》에는 조선군 전사자가 53명뿐이라고 되어 있고, 장렬히 전사한 어재연 장군의 공을 논함에 있어서는, 선두에서 군사들을 지휘하여 적을 무수히 죽였다는 보고내용을 그대로 싣고 있다. 역사에 길이 남을, 더없이 장렬한 죽음이었다. 그러나 무수히 죽여? 국가가, 조정이 거짓을 기록한 것이다.

그뿐인가? 20명 안팎의 포로를 돌려받아 가라는 미군의 요구에 대해 '그런 비겁한 자들은 죽이든 살리든 마음대로 하라'고 내팽개쳤다. 그리고는 더 이상 이런 참혹한 일을 저지를 수 없다며 물러나는 미군을 보며 승리를 자축했다.

나라는 오로지, 목숨을 아끼지 않는 병사와 백성이 있어 숨이 붙어 있었다. 나라를 하루하루 망국의 길로 몰아가고 있던 조정朝廷과 그 안의 정치인들은 이런 병사와 백성마저 죽이고 있었다.

이방인의 개탄

1894년에서 1897년까지 조선을 네 번이나 방문한 비숍 여사Isabella Bird Bishop의 눈에 비친 조선인은 어떠했을까?

그의 저서 《조선과 그 이웃나라들Korea and Her Neighbors》에 흩어져 있는 말들을 모아보면 이렇다.

'게으르고 비열하고 어리석고, 자립심도 없는… 하류 인간들dregs of a race.'

그래서 그는 냉소적이었다.

'이런 사람들에게 미래가 있을까?'

그의 답은 'hopeless,' 희망 없는 민족이었다.

조선을 방문하기 전, 그는 호주 인도 미국 베트남 터키 티베트 페르시아 파키스탄 등 많은 나라를 방문했다. 나름대로 사람들을 평가할 수 있는 합리적 눈과 기준이 있을 수 있다는 말이다. 그리고 영국 왕립지리학회Royal Geographical Society 최초의 여성회원, 나름의 명성과 신뢰를 가지고 있었다. 그런 그가 그렇게 봤다면 그게 실제 조선인의 모습이었을 것이다.

그러나 그는 시베리아의 끝자락, 러시아 연해주Primorsk

에서 전혀 다른 조선인을 만나게 된다. 조선에서 본 조선인과 달리 이들은 성실하고 근면했다. 행동이 반듯하고 자립심도 강했다. 농토를 일구어 부를 축적해 가고 있었고, 조선의 농민들과는 비교가 되지 않을 만큼의 좋은 집에서 여유 있는 생활을 하고 있었다. 러시아 사람들과도 잘 지내고 있었으며, 심지어 그들이 믿는 그리스정교Greek Church로 개종하면서까지 현지에 적응하는 모습을 보였다.

어떻게 이렇게 다를 수 있을까? 조선인이기는 하지만 좀 특별한 사람들일까? 비숍 여사는 당연히 아니라는 결론을 내린다. 굶주림을 참지 못해 연해주로 이주해 왔을 뿐, 모든 면에 있어 조선의 조선인과 하나도 다를 게 없었다. 그리고 오히려 이런 모습이 조선인의 원래 모습이었을 것으로 생각하게 된다.

그러면 무엇이 조선의 조선인을 그렇게 '게으르고 비열한 하류 인간'으로 만들었을까? 비숍 여사의 답은 명확하다. 잘못된 정치와 국정, 그것이 조선의 조선인을 그렇게 만들었다고 했다. '계급적 특권이 판을 치고, 과도한 세금과 수탈이 노동의욕과 생산의욕을 죽이고… 정의라고는 찾아볼 수 없는 나라.' 그는 그런 나라에서 어떻게 그보다 나은 사람이 될 수 있겠느냐고 반문한다.

　그의 지적은 신랄하다. '지배계급은 빈둥거림을 덕목으로 여기고, 중간계층은 일할 곳이 없다.' 그러니 어떡하겠나. 국가재산을 도둑질하거나, 그런 도둑질을 하는 벼슬아치 일가친척에 얹혀살거나, 아니면 자신보다 약한 자를 쥐어짤 수밖에 없지 않겠나. 어쨌든 먹고 살아야 하니까 말이다. 그것도 지배계급과 중간계층으로서의 체면을 살릴 수 있는 수준 정도로.

　하위 계층의 문제는 더욱 심각했다. 쥐어 짜는 자와 쥐어 짜이는 자만 있는 세상, 주된 생산주체이자 노동주체인 이들은 늘 쥐어 짜이는 쪽이었다. 놋그릇 하나만 있어도 수탈 대상이 되어 오히려 화만 당하는 판, 살기 위해서라도 입에 풀칠할 정도 이상을 생산하지도 벌어들이지도 말아야 했다. 게으름과 누추함은 곧 생존을 위한 전략이 되었다.

　잘못된 정치와 잘못된 국정이 모든 계급과 계층의 조선인에게 게으름과 비열함을 가르치고 있었다. 아니 강요하고 있었다. 그래서 조선은 '모든 것이 천하고 딱하고 초라한a low, poor, mean level 나라가 되었다.' 120년도 더 지난 영국 여행가의 기록에 또 한 번 가슴이 저리다.

그러나 비숍 여사는 희망을 접지 않았다. 연해주에서 본 조선인의 참 모습 때문이었다. 그가 말했다.

"국정이 제대로 이루어져 스스로 벌어들인 것을 보호받을 수 있게만 해 주어도 조선의 조선인들도 점차 다른 모습을 보이게 될 것이다(their countrymen in Korea, if they ever have an honest administration and protections for their earnings, may slowly develop into man)."

하지만 그러한 날은 끝내 오지 않았다. 죄 없는 병사를 사지로 몰아넣고, 성실하고 근면한 백성을 게으르고 비열한 사람으로 만드는 정치는 망국의 그날까지 계속되었다.

1-2

'망국의 늪' : 세습왕정 체제

살아 있지도 죽지도 않는 것이…

"나라 전체가 털끝 하나 병들지 않은 부분이 없다. 지금 당장 고치지 않으면 나라는 반드시 망할 것이다(一毛一髮 無非病耳 及今不改 其必亡國而後已)."

1817년 다산 정약용은 조선의 전면적 개혁을 논한 《경세유표》 서문에 이렇게 썼다.

선생뿐이겠는가. 조선 후기, 성호 이익 등 많은 개혁사상가와 선각자들이 피를 토하듯 개혁을 외쳤다. 백성들 또한 마찬가지, 홍경래의 난, 동학농민운동 등 수많은 봉기와 민란을 통해 잘못된 국정과 그로 인한 고통을 호소했다.

그러나 변한 것은 없었다. 안동김씨가 집권을 하건, 풍양 조씨가 집권을 하건, 아니면 대원군이나 민씨 집안이 집권을 하건 나라는 망국의 길로 내달렸다. 조정朝廷과 그 안에서 이루어지는 정치는 그야말로 '좀비,' 살아 있지도 죽지도 않은 것이, 죄 없는 병사를 사지로 몰아넣고, 멀쩡한 백성을 게으르고 비열하게 만들고 있었다. 또 개혁사상가와 선각자들 사이에서, 또 백성들 사이에서 그나마 일어나고 있는 개혁의 기운과 불씨를 죽이고 있었다.

그러다 결국 망국亡國, 다산 정약용의 예언처럼 나라는 망하고 말았다. 총이라도 한번 쏘아보고, 칼이라도 한번 휘둘러보았으면 한恨이라도 없으련만, 그러지도 못한 채 남의 나라에 나라를 넘겨주고 말았다. 치욕의 식민지역사는 물론, 이에 이어진 분단의 역사도 이렇게 시작되었다.

무엇이 조선을 이렇게 만들었을까? 많은 것을 지적할 수 있다. 몇몇 무능한 왕과 그 측근들을 비난할 수 있고, 안동김씨와 풍양조씨 등 세도정치의 주역들을 심판대에 올릴 수도 있다. 또 '을사5적'과 같은 '역적들'을 주범으로 몰 수 있다. '이 자들만 없었더라면… 이 자들만 똑바로 했더라면…' 하면서 말이다.

잘못된 정책과 잘못된 관행, 또 나라를 시끄럽게 한 사건 등을 원인으로 지적할 수도 있다. 변화에 대한 무지, 당쟁과 세도정치, 신분차별, 상공업 천시, 매관매직, 3정^{전정·군}정·환정의 문란, 쇄국정책과 잘못된 외교정책… 등.

모두 옳은 지적이다. 잘못된 사람도 있었고, 잘못된 정책도, 잘못된 일도 많았다. 이 모두가 어떤 형태로건 나라를 그 모양으로 만드는 원인이 되었을 것이다. 하나하나 안타깝고 분한 일이었다.

그러나 문제는 그 이상이다. 이런 요인들보다 더 근본적이고 본질적인 원인과 배경이 있을 수 있다는 말이다. 사람의 몸만 해도 그렇지 않은가. 어쩌다 한번 두통이 올 때는 잘못된 음식이나 수면 부족 등을 의심할 수 있다. 그러나 1년 내내, 두통약을 먹고 또 먹어도 통증이 지속되면 뇌 질환이나 심장병, 더 나아가 체질 자체를 의심해야 한다.

나라의 일도 마찬가지이다. 조선 말기, 정도의 차이는 있었지만 어떤 왕이 들어서도, 또 어떤 세력이 집권해도 나라는 내리 망국의 길로 치달았다. 일어날 만한 불합리와 부조리는 다 일어났다. 개혁의지와 선의를 가진 사람이 왜 없었겠는가. 그러나 그런 의지가 살아날 자리는 없었다. 스스로 그런 의지를 포기하거나, 아니면 축출되어야 했다. 너나없이 모두가 빨려 들어가는 '망국의 늪'으로서의 어떤 체제와 구조가 있었다는 말이다.

사실, 이 책에 있어 이 문제는 매우 중요하다. 이 책을 쓰는 이유도, 또 굳이 망국의 역사를 다시 들여다보는 것도, 바로 이러한 생각을 전달하기 위해서이다. 즉 조선 말기와 같이, 지금 바로 이 순간에도 우리를, 또 우리의 정치를 삼키고 있는 '늪'이 있다는 이야기를, 또 이를 어떻게 벗어날 수 있느냐에 대한 이야기를 하고 싶은 것이다.

다시 앞의 이야기로 가서, 조선 말기, '망국의 늪'은 세습 왕정 그 자체였다. 적절한 시기에 어떻게 해서든 사라졌어야 할 체제가 그러지 못하고 있었던 것이 모든 문제의 근원이었다는 말이다.

쉽게 이야기하자. 오늘날 웬만한 규모의 국가에서 세습에 의한 통치가 이루어지고 있는 경우가 얼마나 되나. 사우디아라비아 등 자원이 풍부해 특별한 정책적 노력 없어도 국민을 '포획'할 수 있는 국가 정도이다. 또 굳이 이야기하자면 극도로 폐쇄적인 체제를 유지하고 있는 북한 정도이다. 왜 이렇게 다 사라졌을까? 그 생명을 다했기 때문이다.

세습왕정은 기본적으로 수직적 신분질서 위에 성립된다. 신분에 따라 하는 일이 정해져 있고, 또 오를 수 있는 지위가 정해진 사회, 그런 사회라야 절대 권력의 세습 또한 정당성을 얻을 수 있기 때문이다. 당연히 상공업의 발달 등 이러한 신분질서를 위협하는 변화가 있으면 그 생명을 다하게 되어 있었다. 운명적으로 말이다. 스스로 해체되거나 아니면 '민중'의 힘이나 '시민'과 '부르주아'의 힘 등에 의해 다른 체제, 즉 공화정이나 입헌군주제 등으로 전환되게 되어 있었다.

　　또 하나, 세습왕정은 국정수행에 있어 그 한계가 분명하다. 우선 최고의사결정권자인 왕의 국정수행 능력부터 보장되지 않는다. 왕권이 세습에 의해 주어지기 때문이다. 세종대왕과 정조대왕처럼 탁월한 역량과 지도력을 가질 수도 있지만, 그렇지 않을 가능성도 크다. 왕의 역량이 떨어지는 경우 친인척 등 누군가 왕을 대신할 수 있지만, 그렇다고 문제가 해결되지 않는다. 정통성이 약하니 늘 위협이 따르게 되는데, 바로 그런 이유로 집안세력이든 뭐든 패거리를 지어 권력을 폐쇄적으로 운영하게 된다. 이것이 또 다른 문제의 원인이 되고.

왕 주변의 참모와 관료들의 역량 또한 그렇다. 우선 세습왕정 자체가 신분질서 위에 성립하는 만큼 이들을 충원하는 데도 그러한 질서가 반영된다. 충원대상이 제한될 수밖에 없다는 뜻이자, 역량 있는 사람들을 충원하기가 그만큼 힘들다는 뜻이다.

여기에 다시 충성심이 국정수행 능력만큼, 또 때로는 그보다 더 크게 강조된다. 세습왕조를 지키고 유지하는 것이 무엇보다 큰 국가 목표가 되기 때문이다. 실제로 왕과 왕권에 대한 위협이 수시로 발생한다. 그때마다 왕은 충성심을 더욱 중시하게 된다. 어쨌든 충성심을 충원의 중요한 기준으로 삼게 되는데, 그런 만큼 참모 조직이나 관료 조직의 역량은 떨어지게 된다.

그뿐 아니다. 의사결정 기제 또한 대단히 억압적이다. 통치 이념에 반하는 일을 제안하기 어려운 것은 물론, 왕이나 그 주변 권력자의 의지나 신념에 반하는 언행을 하기 어렵다. 그 결과, 의사결정 전 과정에 큰 왜곡이 발생하게 된다. 반드시 다루어야 할 문제가 의제로 떠오르지 못하는 일이 있는가 하면, 이미 일어난 문제에 대해서도 합리적 결정을 하지 못하는 경우가 많다는 뜻이다.

농경시대라면 이런 체제, 즉 신분질서를 기반으로 하는 한편, 국정수행에 있어 한계가 있을 수밖에 없는 체제는 큰 문제없이 작동될 수 있다. 세습권력의 정통성이 강한 가운데 그에 기반한 억압 기제 또한 비교적 잘 작동하기 때문이다. 그리고 무엇보다도 국가가 풀어야 하는 문제들이 비교적 단순해서, 낮은 정책역량으로도 나름대로 잘 풀어나갈 수 있기 때문이다.

그러나 상공업이 발달하는 등 사회가 변화하면 세습왕정은 큰 도전에 직면하게 된다. 사회경제적 이해관계가 복잡해지면서 이전에 경험해 보지 못한 복잡한 구조의 사회경제적 문제들이 발생하게 되기 때문이다. 또 민권이 신장되며 세습왕정의 기반이라 할 수 있는 신분질서가 흔들리게 되기 때문이다. 특히 지배계급의 상공업 종사를 사실상 금지하고 있던 조선의 경우는 더욱 그렇게 되게 되어 있었다.

당연히 더 큰 역량으로 이러한 변화에 적응해야 하겠지만, 세습왕정은 오히려 앞서 이야기한 그 내재적 한계와 모순을 더 크게 드러내게 된다. 즉 낮은 국정수행 능력으로 어찌할 바를 모르게 된다. 모든 역량은 흔들리기 시작하는 체제, 즉 세습왕정을 방어하는 쪽으로 집중이 되고, 그러는 과정에서 나라는 더 엉망이 되어 간다.

개혁군주들의 경우 때로 그러한 변화를 수용하는 모습을 보이기도 한다. 하지만 그러한 변화가 세습왕정의 역량을 초과하는 것을 느끼는 순간, 세상을 다시 옛날로 돌리려는 반동적 행위에 열을 올리게 된다. 어느 나라 없이 대부분의 세습왕정 체제가 그렇다. 그러다 대부분 다른 힘, 이를테면 민중혁명이나 부르주아혁명에 의해 무너지거나 그 역할과 기능이 크게 제약되게 된다.

안타까움, 그리고 아쉬움

유교적 이념이 강했던 조선의 경우, 이러지도 저러지도 못하고 있었다. 우선 유교적 통치질서에 대한 집착이 광범위하게 퍼져있었다. 16세기 말에 공화주의 사상에 가까운 '천하공물론天下公物論,' 즉 천하에 주인이 따로 있을 수 없다는 논리를 펴다가 역적으로 몰려 죽은 정여립이 있었는가 하면, 민중의 저항권을 인정한 정약용 같은 인물이 있기도 했다. 하지만 이것은 어디까지나 극단적인 경우일 뿐, 세습왕정 자체에 대한 부정은 꿈도 못 꾸는 상황이었다.

게다가 상공업의 발달이 억제되면서 세습왕정을 뒤엎을 만한 세력이 형성되지 못했다. 부르주아 시민세력도 성장하지 못했고, 저항적 농민운동도 실패했다. 그 결과 세습왕정과 그 안에서의 정치는 살아 있지도 죽지도 않은 '좀비'가 되어 죄 없는 병사를 사지死地로 몰고, 멀쩡한 국민을 '게으르고 비열한' '희망 없는' 사람들로 만들고 있었다. 심지어 임오군란, 갑신정변, 동학농민운동 등 그나마 일어나고 있는 변화와 개혁의 요구를 남의 나라 군대까지 빌려 짓밟고 있었다.

나라는 점점 더 엉망이 되어 갔다. 벼슬을 하거나 빈둥거리거나, 다른 선택이 없었던 지배계층은 이를 오히려 권력 강화의 기회로 삼았다. 상대에게 책임을 물어 몰아내고, 종교문제를 핑계 삼아 죽이고, 그래서 권력을 얻고, 벼슬을 나누고….

어차피 누구도 어찌할 도리가 없는 상황, 그렇게 사는 것이야말로 가장 합리적인 선택이었을지도 모른다. 안동김씨 세도정치의 막을 연 김조순을 보라. 그때의 기준에서나 지금의 기준에서나 그가 그렇게 사악한 사람이었던가? 오히려 정조대왕의 큰 신임을 받고, 그 문제 많은 노론 벽파와 싸운 인물 아닌가? 몇몇 잘못된 사람이나 특정 세력만 욕하고 말 문제가 아니라는 말이다. 흔히들 무의미한 당쟁이나 타락한 세도정치가 조선을 망쳤다고 한다. 그러나 과연 그럴까? 이것 또한 오히려 역사적 생명을 다한 세습왕정체제의 필연적 결과가 아니었을까.

조선이 이러고 있는 사이, 일본은 명치유신明治維新으로 중앙 세습권력 막부幕府와 지방 세습권력 다이묘大名를 타파하고, 입헌군주제의 새로운 체제를 세웠다. 그리고 근대화와 부국강병을 국가목표로 걸었다. 새로운 세력에 의해 정치체제가 바뀌었고, 정치체제가 바뀌면서 정치의 주체가 바뀌었고, 정치의 주체가 바뀌면서 국가의 의제도 바뀐 것이다. 그렇게 하루하루 달라지던 일본은 조선을 삼키겠다는 그 오래되고 허황된 꿈을 다시 꾸게 된다.

한 가지 안타까운 것은 조선의 경우, 망국의 시점에 가서야 체제변화에 대한 의식들이 일어나기 시작했다는 점이다. 일제에 의해 병탄되지 않았더라면, 우리 스스로 입헌군주제로의 변화 등 체제변화를 이룰 수 있었을 것이라는 말이다. 이를테면 1884년 일어났던 갑신정변의 정강政綱 제13조를 보자.

'대신과 참찬은 의정부에 모여 정령(政令)을 결정하고 정사를 집행한다.'

무엇을 말하는가? 입헌군주제로의 전환을 말하는 것이고, 그 안에서의 내각의 의무와 권한을 말하는 것이다. 그러나 이것조차 '3일 천하,' 망국의 시점까지 이런 움직임은 미약했고, 조직화 되지도 못했다.

1-3

'앙시앙 레짐(ancient régime)'을 넘어
: 자유와 안전망을 위한 투쟁

이야기하면서도 가슴이 아프다. 차라리 하지 말걸…. 그러나 꼭 해야 했다. 너도 나도 너무나 쉽게 잊는 망국의 역사, 기껏해야 '일본 제국주의 나쁜 놈들이 우리나라를 빼앗아 갔다' 정도 아닌가. 일본이야 백 번 천 번을 욕해도 모자란다. 하지만 그 이전에 우리가 알고 되새겨야 할 우리의 문제가 있다는 점도 간과하면 안 된다.

왜냐? 바로 이 순간, 조선 말기의 세습왕조와 같은 '망국의 늪,' 즉 잘못된 체제의 문제가 눈앞에 어른거리고 있기 때문이다. 나라를 빼앗겨 식민지가 되어야 망국이겠나. 전쟁해서 이겨도 점령은 어려운 시대, 또 점령은 해도 지배는 어려운 시대, 이제 식민지가 되는 그런 망국은 없다. 그러나 우리 국민이 가진 활력이 죽고, 그래서 보다 나은 미래를 꿈꿀 수 없다면 그게 바로 망국 아니겠나. 그 망국을 걱정하게 하는 체제가 우리에게 있다는 말이다.

어느 한 대통령과 그의 정부가 실패했다면 그의 잘못이라 할 수 있다. 그러나 모든 대통령과 그들의 정부가 실패하고 있다면, 우리의 질문은 달라져야 한다. 그 대통령들과 그들의 잘못을 묻는 것 위에, 또 어떤 근본적인 문제가 있는지를 묻지 않으면 안 된다는 말이다. 이런 가운데서도 누가 대통령이 될 것인가만 생각하고, 어느 쪽이 집권할 것인가만 생각하고 있다면 우리는 이 모든 실패의 공범이 된다.

조선의 망국은 왕과 지배계급에게 책임이 있다고 할 수 있다. 힘이 그들에게 있었으니까. 힘없는 백성이 무엇을 할 수 있었겠나. 들고일어나다 진압되고, 다시 들고일어나다 이제는 외국 군대에 의해서까지 죽어 나가고… 더 이상 무엇을 할 수 있었겠나. 그러나 지금은 민권의 시대, 국민이 권한을 가진 시대이다. 가지지 않았다면 최소한 나누어 가지고라도 있는 시대이다. 그래서 우리는 모두 공범이 되는 것이다.

얼마나 많은 대통령이 죽어 나가고, 얼마나 많은 정부가 실패를 거듭해야 지금의 문제가 사람 문제 이상임을 알게 될까? 나라의 활력이 얼마나 더 죽어야 지금의 문제가 진영의 문제 그 이상이라는 것을 알게 될까? 또 이에 대한 진지한 고민을 시작하게 될까?

지금 우리에게 있어 '망국의 늪'은 국가주의이다. 이미 주어진 기능을 다할 수 없는 국가가 과도하고도 불합리한 권력을 행사하는 가운데, 시장과 공동체의 활력이 살아나지 못하는 상황, 그리고 국민 개개인이 그 역량을 다 살리지 못한 채 미래를 불안해해야 하는 상황, 이것이 우리의 현재와 미래를 죽이고 있다.

이 책이 주는 메시지는 단순하다. 구체제, 즉 '앙시앙 레짐ancient régime'으로서의 국가주의를 벗어나 사회적 안전망이 갖추어진 자유주의의 새로운 체제, 즉 '누보 레짐nouveau régime'을 향해야 한다는 것이다. 그 새로운 체제를 바탕으로 시장과 공동체를 날아오르게 하고, 과부하로 '좀비'가 되어가고 있는 국가도 살려내야 한다는 것이다.

쉬운 일인가? 당연히 아니다. 세습왕조를 깨는 것만큼 어렵다. 다른 무엇보다도 우리 스스로 우리가 국가주의자임을 모르고 있기 때문이며, 지금의 국가가 어떤 상태에 있는지, 또 그것이 어떻게 거대한 '망국의 늪'이 되고 있는지를 모르고 있기 때문이다.

그래서 제일 먼저 필요한 것이 '나와의 투쟁'이다. 제일 먼저 나도 모르게 내 머릿속에 들어와 있는 국가주의의 '무용 지식obsoledge,' 즉 쓸모없는 지식이나 생각과 투쟁해야 한다. 그 다음 '너와의 투쟁,' 너의 잘못된 국가주의 신념과도 싸워야 한다. 그리고 '우리와의 투쟁,' 자유의 이름으로 자유를 죽이고, '안전망'의 이름으로 '안전망'을 훼손시켜 온 우리의 잘못된 역사와 싸워야 하고, 잘못된 관행과도 싸워야 한다.

"이대로 가면 필망국必亡國이라, 나라는 반드시 망할 것이다."

다산 정약용이 피를 토하듯 한 말을 2백 년도 더 지난 오늘에 다시 새기면서 말이다.

이 '투쟁'을 위해, 지금 우리의 '국가'가 어떻게 죽어가고 있는지부터 살펴보기로 하자. 우리 머릿속의 국가주의, 그것이 우리의 생각을 어떻게 지배하고 있는지도 알아보기로 하자.

2

———

국가주의,
그 긴 역사와 꼬리

우리의 머릿속에는 나도 모르게 국가주의가 자리 잡고 있다. 국가가 모든 것을 관장해 왔던 수백 년의 역사와 가부장적 문화 속에 너도나도 국가주의에 익숙해져 있다.

세습왕정에 익숙했던 조선의 '백성'이 당시에 물었어야 할 수많은 질문들을 놓친 채, 오로지 '성군(聖君)'만을 찾았듯이, 국가주의에 익숙한 이 나라의 국민들도 물어야 할 수많은 질문들을 놓친 채 누가 대통령이 될 것인가만 이야기하고 있다.

이런 가운데 민주, 자유, 평등의 문제가 왜곡되고 있다. 자유의 가치가 앞서는 곳에서는 평등의 가치도 산다. 평등을 이야기할 자유가 있기 때문이다. 그러나 평등의 가치가 앞서는 곳에서는 자유의 가치를 누르는 권력이 작용한다. 그 권력에 의해 '자유'가 훼손되고, 결국은 '민주'까지 죽을 수 있다. 자유의 가치는 늘 앞서 있어야 한다.

우리 머릿속의 국가주의, 그 두 장면

커피자판기 설치 금지 : '어리석은 백성을 위하여'

누구나 쉽게 이해할 수 있는, 그러면서도 논쟁의 여지가 있는 사안 두 개를 일부러 골랐다. 국가의 역할에 대한 우리의 생각이 어디쯤 가 있는지를 짚어보자는 뜻에서이다. 그 둘을 소개한다.

먼저 학교 내의 커피자판기 설치문제이다. 2018년 국회는 〈어린이 식생활 안전관리 특별법〉을 개정하여 초등학교 중학교 고등학교 내에 커피자판기를 설치하지 못하도록 했다. 식품의약품안전처가 그 이전에 이미 그렇게 하고 있던 것을 아예 법률로까지 못 박은 것이다.

커피에는 카페인이 많이 들어 있다. 때로 당분도 과도하게 들어 있다. 어린이와 청소년에게 좋을 리가 없다. 그런데도 이를 굳이 마시는 학생들이 있다. 아무 생각 없이 마시기도 하겠지만 카페인이 가진 각성효과 때문에 마시기도 한다. 어쨌든 되도록 마시지 않게 하는 것이 좋다. 이 점에 있어 이론이 있을 수 없다.

그러나 문제는 이를 법률로 규제하는 것이 옳으냐이다. 우선, 효과성에서 그렇다. 자판기 설치를 금지한다고 해서 커피를 안 마시겠나? 꼭 마시겠다는 학생은 보온병에 담아 올 수도 있고, 믹스커피를 가져와 타 먹을 수도 있다. 더 나아가 각성효과가 있는 무엇이 꼭 필요하다고 생각하는 학생은 각성제 약 등 오히려 몸에 더 해로운 것을 취할 수도 있다. 성적과 내신문제 등 학교나 세상이 이들에게 주는 스트레스를 생각하면 충분히 가능한 일이다.

또 하나, 학교에는 사람이 없나? 선생님들도 있고, 학교운영위원회도 있다. 학교의 지도역량 등 현장 상황에 맞추어 설치 여부를 결정하도록 하면 된다. 더 나아가 교육청도 있고, 민선 교육감도 있다. 현장을 조금이라도 더 아는 이들이 결정하게 두어도 된다. 그렇게 해가며 우리 스스로 권력과 권한의 주인이 되어 가도록 하는 것이 민주주의의 기본이다. 문제가 심각해지면 학부모들이나 지역 언론들이 가만있겠나. 모든 학교를 상대로 꼭 이렇게 담요로 덮듯 규제를 해야 되겠나.

커피자판기는 그래도 좀 낫다. 비만을 초래한다는 이유로 '먹방' 방송을 규제하겠다고 덤비는가 하면, 술을 더 마시게 유도한다는 이유로 소주 광고에 젊은 여성 연예인 사진을 못 쓰게 하고, 한잔 들이킨 뒤 '카~' 하는 모습 등을 내보내지 못하게 하겠다고 법석을 떤다.

어떤 생각에서 이러는 것일까? 아마 이런 생각 아닐까?

"이 나라 '백성'은 연예인 사진 쳐다보면 건강이고 뭐고 그냥 마셔. '먹방' 방송만 보면 그냥 퍼먹고… 커피자판기도 마찬가지, 애들까지도 그냥 마셔. 그리고 부모고 형제고 이를 말리지도 않아. 뭐? 시간이 가면서 스스로 조심하게 될 거라고? 천만의 말씀. 이 나라 '백성'은 그런 것 없어. 끝까지 가서 망가져. 국가가 규제하고 감독하고 보호하지 않으면 하루도 못살 존재들이야."

한 가지 흥미로운 사실은 정부나 국회가 이런 일을 벌여도 언론이나 시민단체가 말 한 마디 하지 않는다는 점이다. 오히려 만시지탄晩時之歎, 벌써 했었어야 할 일을 이제야 한다고 하느냐, 책망하는 분위기마저 있다. 국가가 아무 곳에나 칼을 빼드는 국가주의, 이것이 우리도 모르게 정당화되고 있다.

지방의원의 여비 : 이게 '자치'라고?

두 번째 사안은 지방의원에게 지급되는 여비 문제이다. 지방의원에게 여비를 지급할 필요가 있을 때, 지방의회는 일비 하루 2만 원, 밥값 하루 2만 원, 숙박비는 대상 지역이 어디냐에 따라 하루 5~7만 원을 지급한다. 누가 이렇게 하도록 하고 있나? 지방의회 스스로 그렇게 정한 것이 아니다. 중앙정부가 법령으로 그렇게 정하고 있다.

아니, 자치自治하라고 해 놓고는 여비 하나도 스스로 결정하지 못하게 해? 여론조사로 하든, 아니면 시민위원회를 구성해서 결정하든, 여비 정도는 지방의회가 스스로 정하게 해야 하는 것 아닌가? 이 문제가 이 정도라면 이보다 더 중요한 부분은 도대체 어떻다는 건가? 그렇다. 우리 형편이 그렇다. 말로만 자치이지 자치가 아니다. 일반 행정, 재정, 자치입법 등 모든 영역에 있어 강력한 제한과 통제가 이루어진다.

그나마 자치단체장은 낫다. 중앙정부의 일선기관장 지위를 겸하고 있고, 이로 인해 중앙정부가 정한 법규와 명에 따라 국가로부터 위임된 사무를 처리할 권한을 가지기 때문이다. 지방정부 사무 중 웬만큼 중요한 사무는 다 그런 사무이다. 그러나 지방의회는 다르다. 그 역할이 대체로 자치사무, 즉 지방정부의 고유사무에 제한된다. 그게 얼마나 많으냐고? 여비문제에서 보듯, 이런 것 하나도 지방의회가 마음대로 할 수 있는 자치사무가 아니다.

왜 이렇게 자치권을 제약하고 있나? 이 역시 이렇게 말할 것이다.

"여비만 해도, 자치적으로 결정하게 두면 대통령보다 더쓸 것이다. 뭐라고? 그러면 지역주민이나 지역 언론이 그냥 보고 있겠냐고? 잘 알잖아. 이 나라 '백성'은 지방의원이 하루 50만 원, 100만 원을 쓰고, 시장 군수가 벤츠를 타고 다녀도 아무 말 안 해. 중앙정부가 이렇게 구석구석 통제하지 않으면 나라가 망해."

여러분의 생각은 어떤가? 아마 적지 않은 분들이 중앙정부가 하고 있는 방향이 옳다고 할 것이다. 심지어 지방자치는 지금이라도 그만두어야 한다는 생각까지 할 것이다. '크지도 않은 나라에 지방자치는 무슨 지방자치냐.' '게다가 지방의회나 지방의원들 하는 꼴을 좀 봐라' 하면서 말이다.

그러나 한 가지, 웬만큼 사는 민주국가 모두 지방자치를 하고 있지만, 우리는 지방자치를 제대로 한 적이 없다. 여비 하나도 스스로 결정하지 못하는 상태를 어떻게 지방자치라 할 수 있나. 심지어 영남이나 호남에서는 많은 자치단체장과 지방의원이, 주민에 의해 선출되는 것이 아니라 지역 국회의원에 의해서 사실상 임명되고 있다. 공천이 곧 당선이기 때문인데, 이 파이프라인을 타고 중앙정치의 오염된 물이 지방정치에까지 그대로 내려온다. 이것을 과연 '자치'라 할 수 있을까. 또 제대로 시작하지도 않은 지방자치를 탓하고 뭐고 할 일이 있나?

짓기 싫어 억지로 지은 집은 제아무리 보기 좋아도 비가 새고 바람이 들어온다. 지붕조차 제대로 덮지 않았으니 그게 어디로 가겠나. 엉터리 제도에 엉터리 관행을 만들어 놓고, 문제가 지방자치 그 자체에 있는 것처럼 이야기하는 게 말이 되나.

하지만 우리는 그렇게 하고 있다. '문제가 있으니 권한도 주지 말자' 하고. 또 '아예 지방자치를 그만두자'고 이야기한다. 다 지어지지도 않는 집을 두고, 비가 새고 바람이 들어오니 허물어 버리자고 하는 것이다. 왜 이런 일이 일어날까? 일사불란을 강조하는 국가주의가 우리도 모르는 사이 우리의 생각을 지배하고 있기 때문이다.

2-2

국가주의, 그 긴 역사

긴 역사

국가주의가 이렇게 우리의 생각을 지배하는 데에는 그만한 이유가 있다. 우선은 길고도 긴 역사와 관행 속에 우리 모두 이에 익숙해져 있기 때문이다.

우선 조선조 5백 년을 그렇게 보냈다. 강력한 국가권력과 강력한 중앙집권 체제로 시장市場을 여닫는 것에서부터 종교문제까지…. 심지어 과부가 시집을 갈 수 있고 없고 등 가족을 구성하는 문제와 부모를 대하는 방식, 그리고 신분에 따른 대문의 높이와 분묘의 크기까지 국가가 정했다.

질서는 가족에서부터 출발했다. 삼강오륜三綱五倫의 가

부장적 윤리가 확립되고, 이를 어긴 자는 법에 의해 처벌되었을 뿐만 아니라 사회적으로 매장 당했다. 자식이 아비를 죽이는 등 심한 위반은 강상綱常의 죄로 다스리기도 했다. 목숨을 거두는 것은 물론, 살던 집은 허물어 연못을 파고, 고을은 강등이 되고 수령도 파직이 되곤 했다. 비록 많이 약해지기는 했지만 오늘날까지 이어지고 있는, 하지만 당시로서는 더없이 엄격했던 이러한 가부장적 질서 위에 다시 왕권이 얹혀졌다.

자유권 등 국가권력을 약화시킬 수 있는 이야기를 하는 것은 '역모'나 다름없었다. 앞 장章에서 잠시 이야기했지만, 공화제 비슷한 '천하공물론天下公物論'으로 계급 구분 없이 모두 하나가 되는 '대동大同 세상'을 만들자고 외쳤던 정여립은 곧바로 역적으로 몰렸다. 1589년의 기축옥사己丑獄事, 무려 1천여 명이 그와 직접, 간접으로 관련되었다고 하여 죽어 나갔다. 호남湖南과 동인東人 정치의 씨를 말려버린 셈이다. 이런 판에 누가 감히 다른 생각을 할 수 있었겠나.

그리고 이어진 일제강점기, 경찰국가와 군국주의 기조 아래 또 한 번의 강력한 국가주의를 경험했다. '자유'의 철학과 신념이 들어설 자리가 없었다. 더욱이 일제日帝는 신분적 질서와 사회적 질서에 충실할 것이 요구되는 '와和 문화'의 나라였다. 이를테면 식당을 하는 집안은 대를 이어가며 지금 그대로의 식당을 해야지, 식당을 더 키우고 늘리거나 다른 일을 하면, 기존의 질서를 깨뜨리는 나쁜 행위로 보는 그런 문화의 나라였다. 이렇게 개인주의를 억누르는 문화까지 침투했으니 그 사정이 어떠했겠나. 자유에 대한 생각은 들어설 자리가 없었다.

이어 들어선 제1공화국, 자유민주주의를 표방하였지만, 자유주의는 곧 반공주의에 의해 가려졌다. 반공주의가 곧 자유민주주의가 되었고, 반공을 위해 자유는 얼마든지 희생되거나 유보될 수 있는 그런 세상이 되었다. 독재가 정당화되기 시작했고, 자유는 역설적으로, 자유민주주의 수호라는 이름 아래 죽어갔다.

짧은 기간의 제2공화국을 거쳐 제3공화국에 들어서면서 국가주의는 다시 한 번 강화되었다. 근대화와 경제개발이 국가목표로 정해졌고, 이를 위한 계획경제체제가 구축되었다. 나라 안의 모든 인적·물적 자원이 국가의 통제 아래 들어갔고, 군과 정보기관 그리고 검찰과 경찰 등의 권력기구가 대통령을 정점으로 하는 권위주의 체제를 호위했다.

당연히 개인과 기업, 심지어 국회의원을 비롯한 정치인에 이르기까지 자유는 철저히 억압되었다. 모든 국민이 통제의 대상이자 계획의 대상으로 전락했다. 정치 경제 사회 문화 전 영역에 걸쳐, 머리 길이를 통제하는 것에서부터, 새로운 재벌을 만드는 데까지 국가권력은 그 한계가 없었다. 자유 민주주의의 이름으로 자유를 억누른 제1공화국의 '전통'에 더해, '빈곤으로부터의 자유'라는 또 하나의 이름으로 자유는 그 이전보다 한층 더 제한되고 억압되었다.

제4공화국의 유신체제 아래에서는 더했다. 대통령을 대통령이 통제하는 집단이 간접선출하게 함으로써 대통령선거는 사실상 없어졌고, 유신정우회유정회를 두어 국회의원의 3분의 1도 대통령이 사실상 임명하는 체제로 전환되었다. 조갑제의 《내 무덤에 침을 뱉어라》의 제목이 의미하는 것처럼, 절대 권력자인 대통령은 민주와 자유에 대한 국민적 기대나 요구를 살아생전에는 수용하지 않을 자세였다.

제3공화국이나 제4공화국과 유사했던 제5공화국이 지나고, 대통령직선제가 복원되면서 제6공화국의 소위 '87년 체제'가 들어섰다. 국가의 최고 권력에 대한 민주적 통제, 즉 선거가 가능해진 만큼 적지 않은 변화가 있었다. 언론의 자유, 집회의 자유 등도 크게 진전되었다.

그러나 지난 수백 년의 역사가 그리 쉽게 지워지겠나. 국가주의는 우리의 머릿속에 그 길고 무거운 꼬리를 드리우고 있다. 나도 모르게 여러 자유로운 주체가 만들어 내는 다양성보다는 획일성을 중시하고, 나도 모르게 여러 다른 입장들이 만들어 내는 역동성보다 일사불란한 것을 더 좋아한다.

그러면서 무슨 일만 터지면 너도나도 왜 정부는 가만히 있느냐며 국가개입을 부른다. 넘어진 아이가 스스로 일어나기를 기다리지 않고 바로 쫓아가 일으키는 부모처럼, 시장과 공동체, 아니면 개인이 스스로 해결해 나가는 것을 기다려 주지 않는다. 늘 그렇게 배워왔고 또 그렇게 익혀왔기 때문이다. 우리도 모르게 우리는 국가주의자가 되어 있는 것이다.

여기에 또 하나, 제3공화국 이후의 권위주의 정부 아래 이루어졌던 근대화와 경제발전이 상당한 영향을 미쳤다. 인권탄압 등 적지 않은 문제가 있었지만 일단 경제적 빈곤에서 벗어나 오늘의 대한민국을 만들 수 있는 초석을 다지지 않았느냐는 이야기이다. 이로 인해 아직도 많은 국민이 강력한 대통령과 강력한 정부의 국가주의 꿈을 꾼다.

떠오르지 않는 질문

상황이 이러하다 보니 자유 그 자체에 대한 생각
도 얕고 짧다. 자유가 우리의 삶과 나라의 미래와 관련하여
어떠한 의미를 지니는지, 또 어떻게 하면 이를 확보하고 지
켜나갈 수 있는지 등에 대한 고민이 크지 않은 것이다.

이를테면 많은 사람이 제1공화국과 제3, 4, 5공화국 시
대의 정부가 강조했던 것처럼, 반공주의를 자유민주주의로
알고 있다. 국가권력이 아무리 강해도, 심지어 권위주의 독
재가 이루어져도 공산주의만 아니면 자유민주주의인 것으
로 착각하고 있다. 앞서 말했듯이 자유민주주의의 이름으
로 자유를 죽이고 있는 것이다.

그런가 하면, 민주와 자유의 관계를 혼동하기도 한다. 쉽
게 말해 민주는 국민이 국가권력의 주인이 되는 것이다. 그
리고 자유는 개인과 집단, 그리고 시장과 공동체가 그러한
권력으로부터 벗어나는 것을 의미한다. 이 둘, 즉 권력의 주
인이 되는 것과 개인과 집단이 그 권력으로부터 벗어나는

것은 완전히 다른 문제이다. 그런데도 적지 않은 사람들이 이를 혼동한다. 마치 민주화만 하면 자유는 '보너스'처럼 따라오는 것쯤으로 인식한다.

언론의 자유나 집회의 자유처럼 민주의 영역이 확대되면 자유의 영역도 자연스럽게 커진다. 그러나 많은 경우 이 둘은 별개의 문제이다. 이를테면 민주적 정통성을 획득했다는 이유로 오히려 개인의 자유권을 누르는 사례만 해도 수없이 목격하고 있다. 박근혜정부 때 큰 쟁점이 되었던 국정교과서 문제는 그 좋은 예이다. 국민이 선출한 민주대통령이 역사에 관한 국민의 생각을 획일화시키겠다는 반자유주의적 생각을 하고, 이를 밀어붙이려 했다. 문재인정부 또한 국민에 의해 선택된 대통령이고 정부이지만, 세계에서 가장 획일적으로 운영하는 최저임금 등 반자유주의적이고 국가주의적인 성향을 거침없이 드러냈다.

자유와 평등의 관계도 그렇다. 우리는 별생각 없이 늘 '둘 다 똑같이 중요하다'거나 '둘의 균형을 잘 맞추어야 한다'는 식의 답을 한다. 일종의 모범답안인 셈이다. 그러나 사실, 이 둘은 똑같이 중요하지 않다. 또 그렇게 취급해서도 안 된다. 어느 것을 앞에 두느냐에 따라 둘 다 살 수도,

둘 다 죽을 수도 있기 때문이다. 이 둘을 모두 살리고자 한다면 평등보다 자유에 무게를 더 실어 주어야 한다.

왜 그래야 하는가? 평등은 개인 간의 힘의 격차와 능력의 격차를 인위적으로 줄이는 데서부터 출발한다. 자연히 자유권을 누르거나 억압할 수밖에 없다. 또 그러려면 권력이 작용해야 한다. 그런데 이 권력은 그 속성상 스스로 커지고 절대화되는 경향이 있다. 평등이 강조되면 될수록 그렇다. 더욱이 인간에게는 평등에 대한 강한 집착이 있다. '아차' 순간에 그 권력은 평등을 명분으로 절대권력화 된다. 프랑스혁명의 모순을 아프게 경험한 후, 미국으로 사실상의 망명을 했던 토크빌Alexis de Tocqueville이 그의 명저 《미국의 민주주의Democracy in America》에서 한 말을 보자.

> "사람들은 자유로운 상태 속에서의 평등을 추구할 것이나, 그것이 불가능한 경우에는 노예상태 속에서의 평등이라도 추구하게 된다(They call for equality in freedom, and if they cannot obtain that, they call for equality in slavery)."

평등의 가치가 앞서게 되면 자유의 개념이 쉽게 무너질

수 있게 된다는 말이다. 그리고 이것은 곧 국가권력의 강화를 가져오고, 이는 다시 '노예상태,' 즉 자유뿐만 아니라 '민주'까지 소멸시키게 된다는 이야기이다.

자유가 죽고, 민주가 죽고… 그 다음에 무엇이 죽을까? 강화된 국가권력을 쥔 자와 쥐지 못한 자의 격차가 만드는 권력 불균형의 불평등 사회, 이번에는 평등이 죽어 나가게 된다. 조지 오웰의 《동물농장Animal Farm》이 기억나는가? '네 다리는 좋고 두 다리는 나쁘다'며 네 다리로 걷던 '나폴레옹' 돼지와 지도자들은, 어느 순간 두 다리로 걷는 권력자와 지배계급이 되어 '네 다리는 좋고 두 다리는 더욱 좋다'를 외치며 네 다리로 걷는 동물들에게 채찍을 휘두른다. 평등이 앞서는 곳에서는, 자유와 민주, 그리고 결국에는 평등의 가치까지 모두 죽이는 일이 벌어질 수 있다.

그러나 자유의 개념이 앞서게 되면 이러한 일은 일어나지 않는다. 자유체제 아래에서는 노동자와 소상공인, 그리고 도시빈민의 권리가 보장되고, 이에 따라 이들의 조직이, 또 이들을 위한 조직이 정당과 각종의 사회단체 등의 형태로 만들어질 수 있기 때문이다. 다시 말해 평등을 향한 목소리가 살아서 움직일 수 있다.

자유와 평등에 대한 이러한 인식이 부족하니 소위 '진보 세력' 일부가 우리 헌법에서 '자유'라는 단어를 삭제하자는 이야기까지 하고 있다. 국가의 힘을 키워 시장의 힘을 누르고, 그래서 노동자 중심의 빈부 격차 없는 좋은 세상을 만들어 보겠다는 생각 아니겠나. 하지만 어이없는 생각이다. 자유가 없는 세상에서는 결국, 민주도 평등도 죽어 나간다는 사실, 이 사실을 모르고 있는 것이다. 자유의 개념을 없앴던 그 많은 공산주의 국가가 생산성 낮은 불평등의 계급 사회로 버둥대다 결국은 사라지고 만 역사적 사실이 무엇을 말하고 있나.

　참으로 어리석은 사람들, 이 사람들이 누구의 아들이고 딸인가? 길고도 긴 국가주의의 역사, 그 속에서 자유의 의미를 생각할 기회를 제대로 가지지 못했던 이 나라의 아들과 딸이다. 이들의 어리석음을 굳이 탓하고 싶지 않다.

　자유에 대한 생각이 이 정도이니, 국가주의 체제의 효용성이나 과도한 국가권력에 대한 질문도 잘 일어나지 않는다. 대통령이 들어서는 족족 '죽어 나가고,' 국회의원은 당선되는 족족 '파렴치'가 되어 가는 데도 이를 체제의 문제로 보지 않는다. 대중적 관심은, 아니 소위 지식인집단의 관심까지도 여전히 누가 대통령이 되고 누가 국회의원이 되느냐, 또 어느 쪽이 이길 것인가에만 가 있다.

세습왕정이 지니는 한계와 모순을 인식하지 못하고, '성군聖君'만 찾던 조선은 결국 망국의 길로 갔다. 국가주의 체제에 대한 합당한 질문을 하지 못한 채 '좋은 대통령'만 찾는 우리는 이 나라를 어디로 몰고 가고 있을까?

고장이 나서, 내려앉을 대로 내려앉은 구식 자동차에 적재적량을 몇 배, 몇 십 배 초과한 사람과 짐이 실려 있다. 과연 어떤 유능한 운전자가 이 차를 몰아 원하는 시간, 원하는 목적지에 도착할 수 있겠나. 이런 상황에 '멀쩡한 차를 두고 웬 차 탓이냐' 하는 자는 누구이고, '내가 운전하면 차는 쌩쌩 달릴 것'이라 큰소리치는 자들은 또 누구인가. 다른 사람들이 아니라 바로 이 사람들이 반복되는 실패의 역사를 만들고 있다.

58

3

———

국가주의의 현장
: 혁신의 적(敵)?

국가는 존재해야 한다. 그러나 과도하게 존재해서는 안 된다. 시장과 공동체가 하지 못하는 일을 하는 '보충적' 기제로서 존재해야 한다.

그러나 우리에 있어 국가는 과도하게 존재한다. 교육에 관한 권한을 독점하다시피 하며 아래로부터의 교육혁명을 막고, 지방정부의 권한을 누르면서 아래로부터의 혁신을 막는다. 그리고 시장의 기능을 제약하고 누르면서 시장의 역동성을 죽인다.

'자유'와 '창의'를 규정하고 있는 헌법, 그 헌법의 정신까지 무시당하는 과도한 힘의 현장을 보자. 그리고 생각해 보자. 이러고도 나라가 바로 갈 수 있는지.

3-1

국가는 왜 있어야 하나?

이문열, 피에르-조셉 프루동(Pierre-Joseph Proudhon)

홍미로운 글이 하나 있다. 원시사회에서의 국가와 국가 권력의 생성을 다룬 이문열 소설 《들소》의 한 부분이다. 아나키즘, 즉 무정부주의에 연민을 가진 자유주의자의 국가와 그 권력에 대한 시각을 잘 보여주고 있다.

나는 (초원에서) 매우 불길한 조짐을 보고 왔어. 권력이… 인간이 인간을 명령하고 강제하고 학대할 수 있는 힘이 발생하고 있었어. 몇몇 힘세고 영리한 소수가 조직과 폭력으로 어리석고 약한 다수의 동료 위에 군림하려고 획책하고 있었어. 아무런 반대급부 없이 동료의 생산을 빼앗고

대가 없는 노동을 강제하려고 했어. 아니 그 이상 생명조차도 그들을 위해 바치기를 강요하고 있었어….

그리고 그렇게 해서 축적된 힘으로 동족인 인간들을 사냥하기 시작했어…. 이들 영악한 인간들은 가혹하게 동족을 살해하고 살려두는 자도 죽는 것보다 못한 상태에 빠뜨렸어….

또 나는 보았어. 우리의 목소리가 치명적으로 타락하고 약용되는 것을. 신화는 함부로 만들어지고 용자나 영웅은 조작되었어. 자연이나 위대한 정령에게 바쳐지던 노래는 이제 그들 강하고 영악한 자들을 위해 불렸어. 예언도 끝나 버렸어. 저 하늘의 목소리는 더 이상 그들에게 닿지 못하고 땅 위를 떠도는 것은 언제나 이들이 꾸며낸 거짓말과 깨어지게 되어 있는 약속뿐이었어.

착취국가론에 가까운 묘사이다. 국가와 그 권력이 '영리한' 소수의 지배 욕구에 의해 생성되고, 그런 만큼 착취 기제를 지닐 수밖에 없고, 이 착취 기제는 이를 정당화 하는 신화와 이념, 또는 지배 이데올로기에 의해 감춰진다는 내용이다. 이런 시각에서는 국가와 국가권력의 정당성을 이야기하기 어려워진다. 아나키즘, 즉 무정부주의를 지지하거나, 많이 양보해서 소극적 국가론 내지는 자유주의 국가론을 이야기하게 된다.

국가와 그 권력을 아예 경멸하는 수준의 생각도 있을 수 있다. '소유는 도적질이다 property is theft'란 말로 유명한 무정부주의자 피에르-조셉 프루동 Pierre-Joseph Proudhon의 글이다.

"(통치된다는 것은) 감시받고, 검사받고, 정탐되고, 지시받고, 법적용 대상이 되고, 규제되고, 재판 대상이 되고, 세뇌되고, 설교 받고, 조종되고, 평가되고, 측정되고, 감지되고, 명령받는 것이다. 이런 일을 할 아무런 권리도 지식도 도덕도 갖추지 못한 자들에 의해서(To be governed is to be watched over, inspected, spied on, directed, legislated at, regulated, docketed, indoctrinated, preached at, controlled, assessed, weighed, censored, ordered about, by men who have neither the rights, nor the knowledge, nor the virtue)."

"통치된다는 것은 우리가 하는 모든 일과 거래에 있어 기재되고, 등록되고, 기록되고, 과세되고, 승인되고, 측정되고, 번호 매겨지고, 평가되고, 면허되고, 허가되고, 질책당하고, 금지되고, 개혁되고, 교정되고, 처벌받고 하는 것이다(To be governed is to be at every operation, at every transaction, noted, registered, enrolled, taxed, stamped, measured, numbered, assessed, licensed, authorized, admonished, forbidden, reformed, corrected, punished)."

공유지의 비극(the Tragedy of Commons)

그러나 국가와 국가권력을 이렇게 험한 것으로만 봐야 할까? 개릿 하딘Garrett Hardin의 1968년 논문 〈공유지의 비극the Tragedy of Commons〉을 잠시 보자. 우리 고등학교 교과서에도 반영되어 있고, 대학입시에도 자주 출제되는, 그야말로 더 이상 유명해지기 어려울 만큼 유명해진 논문이다.

내용은 간단하다. 마을 근처에 소를 방목할 수 있는 공유 목초지가 있다고 하자. 그리고 소의 숫자만큼 수입을 더 올릴 수 있다고 하자. 마을 사람들은 어떻게 할까? 당연히 소를 계속 늘려갈 것이다. 그 결과 목초지는 점점 더 많은 소로 붐비게 되고, 그러다 결국 황폐화되는 '공유지commons'의 '비극tragedy'이 일어나고 만다.

왜 이런 일이 일어날까? 우선, 공유 목초지는 양量이 제한되어 있다. 소위 경합성이 작용한다. 내가 많이 가져가면 다른 사람은 그만큼 적게 가져가게 된다는 뜻이다. 그러면서도 배제성이 적용되지 않는다. 즉, 누구는 들어오고 누구는 못 들어오게 하는 것이 없다. 누구나 원하면 다 들어올 수 있다.

아담 스미스Adam Smith는 '보이지 않는 손'이 작용한다고 했지만, 이런 재화에서는 그런 손이 작용하지 않는다. 아니, 아예 없다. 푸줏간 주인의 이기심이 우리 모두 고기를 먹을 수 있도록 하지만, 이 경우에는 마을 사람의 이기심이 목초지를 파괴한다. 개인의 합리적 선택이 사회 전체 차원의 비합리로 나타나게 되는 것이다.

하딘이 다룬 문제는 아니지만, 같은 맥락에서 이 목초지를 가꾸어야 하는 일을 생각해 보자. 이를테면 폭우가 쏟아지고, 그래서 목초지가 상해서 이를 손봐야 한다고 하자. 어떤 일이 생길까? 내가 나가서 일을 해 봐야 그 이익이 나에게만 돌아오지 않는 상황, 너도나도 자신은 일하지 않고, 누군가가 나가서 일해 주기를 바라게 된다. '너는 군대 가서 나라도 지키고 나도 지켜줘. 나는 안 갈 거야.' 너도나도 '무임승차자free rider'가 되겠다는 입장을 취한다. 개인의 합리적 선택은 다시 한 번 전체의 비합리로 나타난다. 목초지는 한 번 더 황폐해지고.

하던의 이야기에서 시작했지만, 이제 하던의 이야기를 넘어 생각해 보자. 개인의 이기심을 줄이는 한 방법으로서의 국가적 접근을 상상해 보자는 뜻이다. 다시 말하지만 하던이 언급한 문제는 아니다.

자, 개인의 이기심이 초래하는 이런 문제를 어떻게 풀 것인가? 먼저 '보이지 않는 손'이 없어서 문제이니 '보이는 손'이라도 만들어야 할 것 아니겠나. 이를테면 마을 사람들이 모여 '관리위원회' 같은 것을 만들어 소의 수를 규제하는 동시에, 목초지를 가꾸는 데 필요한 노동력과 재정을 분담할 것을 의무화 하는 등의 조치를 하는 것이다. 나라 일로 치면 이것이 바로 국가이고, 국가기구인 셈이다. 국가와 국가 권력이 이문열과 프루동의 글에서 본 것과 같은 악한 면만 있는 것이 아니라, 이렇게 서로의 이익을 보호하기 위해서 존재할 수도 있다는 뜻이다.

문제는 '관리위원회'의 역할을 어디까지 규정하느냐이다. 이왕 만들었으니 마을 축제도 열게 하고, 마을 농가의 수입을 더 올릴 수 있도록 하는 일을 하게 하자고 할 수도 있다. 관리위원회, 즉 국가나 국가기관의 역할을 키우자는 이야기이다. 그러다가 어느 순간, 마을 사람들 간의 분쟁을 조정하는 기관이 될 수도 있고, 소의 수를 예외적으로 늘릴 수 있는 규정 등을 운영하는 권력기관이 될 수도 있다.

당연히 이에 대한 반론도 있을 것이다. 관리위원회의 원래 목적이 경합성이 있으나 배제성이 없는 재화로서의 목초지를 관리하는 것이니, 이 이상을 넘어서지 못하게 해야 한다는 주장이 있을 수 있다. 또 더 나아가서는 모든 것을 마을 사람 개개인의 양심에 맡기고, 관리위원회는 아예 폐지해 버리자는 주장도 있을 수 있다.

이 관리위원회처럼 국가와 국가기구도 필요하기는 한데, 도대체 어느 수준까지 필요한 것일까? 사회주의자들이나 공산주의자들처럼 시장실패나 공동체의 한계를 중시하게 되면 국가의 기능을 중시하는 국가주의적 입장이 될 것이다. 그리고 아담 스미스Adam Smith와 프리드리히 하이에크 Friedrich von Hayek와 같이 국가와 국가기구의 기능적 한계를 중시하게 되면 시장과 공동체의 기능을 강조하는 자유주의자가 될 것이다.

이에 관한 긴 논쟁을 소개할 이유는 없다고 생각한다. 이미 일반화되어 있으므로 어디서든 쉽게 만날 수 있다. 이 자리에서는 다만 이 책이 국가의 존재를 긍정적으로 보고 있다는 사실을 이야기해 둔다. 문제는 어디서 얼마나 작동해야 한다고 보느냐의 문제인데, 이 점에 있어 자유주의적 입장이다. 즉 시장과 공동체가 할 수 있는 일은 시장과 공동체에 맡기고, 국가는 이들이 하지 못하는 일을 '보충적으로' 하는 것이 옳다고 본다.

레오 13세(Leo XIII) 교황,
그리고 '보충성의 원칙(principle of subsidiarity)'

산업혁명 이후 유럽 사회는 사회주의 운동과 공산주의 운동으로 몸살을 앓고 있었다. 사유재산 제도의 철폐가 공공연하게 거론되고 있었고, 이를 위한 무력투쟁 등이 시도되고 있었다. 사실 그럴 수밖에 없는 것이 노동자와 도시빈민의 생활은 그야말로 말이 아니었다. 탐욕스러운 고용주들은 이들을 노예처럼 부렸고, 고리대금업자들은 이들의 경제적 절박함을 파고들었다.

이를 본 교황 레오 13세는 1891년 가톨릭 주교들에게 긴 회칙回勅, encyclical letter, 즉 내부 서신 하나를 보냈다. 제목은 '레룸 로바룸rerum novarum'인데 우리말로 '새로운 변화에 대하여of the revolutionary change,' 그리고 부제는 '자본과 노동의 권리와 의무Rights and Duties of Capital and Labor'였다.

이 회칙에서 교황은 당시의 노동자들이 처한 참혹한 상황을 처절한 마음으로 하나하나 지적했다. 그러나 이런 가운데서도 시장경제를 부정하고 사유재산제도의 철폐 등을 이야기해서는 안 된다고 했다. 당시 이를 향해 일어나고 있던 국가주의적 접근과 무정부주의적 접근 모두를 부정한 것이다.

> 사회주의자들은 (부자들에 대한) 가난한 자들의 분노 위에 서서, 사유재산제도의 철폐로 이 모든 것을 해결하려 한다.… 그러나 그것이 모든 문제를 해결하지는 않는다. 오히려 어려운 노동자 자신부터 더 힘들게 만들 수 있다(문단 4).

> 사유재산은 자연법이 보장하는 인간의 기본 권리이다. 그리고 그 권한을 행사하는 것은, 특히 사회의 구성원으로서 그 권한을 행사하는 것은 정당할 뿐만 아니라 절대적으로 필요한 일이다(문단 22).

그러면 어떻게 이들 노동자를 구할 것인가? 교황의 답은 오히려 자본과 노동이 서로에게 주어진 사회적·종교적 의무

duties를 다하는 데 있었다. 그리고 이를 바탕으로 서로가 서로에게 도움이 되는 상생의 관계를 맺어가는 것이었다.

당연히 노동자 쪽보다는 자본, 즉 가진 사람과 고용을 하는 사람들의 의무를 더 강조했다. 재산을 가질 권리가 있다고 해서 그것을 마음대로 쓸 수 있는 권리까지 가지는 것은 아니라고 했다. 또 재산은 소유자 자신의 것만이 아니니, 다른 사람들이 필요로 할 때는 스스로 내어 놓을 수 있어야 한다고 했다. 잘못 썼을 때는 그 궤적이 마음과 인생에 남을 것이며, 후일 신神 앞에 섰을 때는 몸을 떨어야 할 것이라고 했다.

참혹한 노동현실의 문제와 빈곤의 문제까지 사유재산 철폐 등의 압제적 방법이 아닌, 사회적·종교적 양심에 의해 해소되기를 바랐던 교황의 정신, 이 정신을 오늘날 많은 사람이 '보충성의 원칙principle of subsidiarity'의 출발로 기린다.

'보충성의 원칙'은 크게 두 가지 의미로 쓰인다. 하나는 시장과 공동체가 할 수 있는 일에 국가가 관여해서는 안 된다는 의미이다. 국가는 이들이 할 수 없는 일을 보충적으로 해야 한다는 뜻이다. 또 하나의 의미는, 지방정부가 주민과 함께 처리할 수 있는 일을 중앙정부가 처리해서는 안 된다는 것이다. 여기서도 중앙정부는 보충적 기능만 할 것이 요구된다. 앞의 원칙은 자유주의와 자유시장 경제의 정신이 되고, 뒤의 원칙은 지방분권과 지방자치의 정신이 된다. 지방분권과 지방자치 역시 자유주의의 한 영역이라는 점에서 이 둘은 서로 연결된다.

사실 이 보충성의 원칙은 우리 헌법에도 천명되어 있다. 제119조 제1항을 보자.

> "대한민국의 경제질서는 개인과 기업의 경제상의 자유와 창의를 존중함을 기본으로 한다."

무엇을 기본으로 한다고? 개인과 기업의 경제상의 자유와 창의, 이것이 기본이라 했다. 국가와 국가기구의 역할이 아니라 말이다. 그리고 그 다음에 소위 경제민주화 조항이라는 제2항이 따라 나온다.

> "국가는 균형 있는 국민경제의 성장 및 안정과 적정한 소득의 분배를 유지하고, 시장의 지배와 경제력의 남용을 방지하며, 경제주체 간의 조화를 통한 경제의 민주화를 위하여 경제에 관한 규제와 조정을 할 수 있다."

즉 균형과 분배, 그리고 공정과 조화를 위한 국가의 역할을 규정하고 있다.

이 두 조항의 무게를 두고 논박이 있다. 제1항이 제2항에 앞서니 제1항의 정신이 우선되어야 한다는 주장이 있는가 하면, 순서는 아무런 의미가 없으니 동등한 무게로 봐야 한다는 주장도 있다.

따질게 뭐가 있나. 앞의 제2장에서 이야기한 것처럼, 자유가 앞서면 평등도 살 수 있지만, 평등이 앞서면 자유가 죽고 민주가 죽고, 결국 평등까지 죽게 된다. 평등은 국가권력의 강화를 의미하고, 국가권력은 스스로 커지는 경향 속에 민주의 가치를 훼손하게 된다. 그러면서 결국 권력을 쥔 자와 그렇지 못한 자 간의 불평들을 초래하면서 평등까지 죽이게 된다. 제2장에서 했던 말이다.

그렇게 보았을 때 제1항과 제2항, 어느 것이 앞서야 하겠나. 인류의 역사를 돌아보면 안다. 아니면 제2장에서 이야기한 조지 오웰의 《동물농장》이라도 한 번 더 읽어보든가. 결국은 계급사회가 되어 버린 '동물농장'에서 '나폴레옹' 돼지를 비롯한 지배자들이 두 다리로 걸으며, 네 다리로 걷는 다른 동물들에게 채찍을 내리치는 그 장면 말이다. 이것을 단지 소설 속의 이야기라고만 할 것인가.

지금 우리의 형편은 어떨까? 우리 헌법의 이러한 정신, '대한민국의 경제질서는 개인과 기업의 경제상의 자유와 창의를 존중함을 기본으로 한다'가 얼마나 잘살아서 움직이고 있을까? 아무래도 아닌 것 같다. 곳곳에서 국가와 국가기구가 과도한 권한과 권력을 행사하는 국가주의의 냄새가 강하게 난다.

3-2

국가주의의 상황

경제자유도

우리나라에 있어 국가주의 상황은 어떨까? 이를 객관적
으로 말하기가 쉽지는 않다. 그러나 몇 가지 짐작할 수 있
는 지표들이 있다. 그중 하나가 경제자유도이다. 경제자유도
는 말 그대로 경제주체들이 얼마나 자유롭게 생산하고 소
비하고, 또 투자할 수 있는지를 나타낸다. 성적이나 순위가
높을수록 국가와 국가기구의 작은 것으로 유추할 수 있다.

경제자유도와 관련하여 가장 잘 알려진 기관은 미국의
헤리티지 재단Heritage Foundation이다. 이 기관은 독자적으
로, 또 때로는 《월스트리트 저널Wall Street Journal》과 함께

1995년부터 매년, 거의 30년 가까이 세계 170개 이상의 국가를 대상으로 경제자유도를 조사·발표해 왔다.

측정 항목은 4개 분야 12개 항목이다. 법치rule of law 분야는 재산권 보호property rights·정부청렴도government integrity·사법효과judicial effectiveness 3항목으로 되어 있고, 정부 규모government size 분야는 정부지출government spending·조세부담tax burden·재정건전성fiscal health 3항목으로 되어 있다. 그리고 규제효율성regulatory efficiency 분야는 기업활동 자유도business freedom·노동자유도labor freedom·통화 자유도monetary freedom 3항목으로, 그리고 시장개방도open market 분야는 무역자유도trade freedom·투자자유도investment freedom·금융자유도financial freedom 3항목으로 되어 있다.

2021년 발표된 우리의 경제자유도 순위는 총 184개국 중 24위이다. 괜찮은 수준 아니냐고? 무슨 소리, 지금의 대한민국은 60년대와 70년대의 대한민국이 아니다. 경제규모 세계 11~12위, 수출 세계 7위, 수입 수출을 합친 교역 순위 세계 9위이다. 이 정도의 위상에 24위라니, 말이 안 된다. 대만·말레이시아·칠레·에스토니아·리투아니아 같은 국가들보다 낮고, 덴마크·핀란드 등 유럽의 사회민주주의 국가보다 낮다.

캐나다의 민간 싱크 탱크인 프레이저 연구원Fraser Institute도 매년 경제자유도를 조사하여 발표하고 있다. 측정 분야는 5개, 즉 정부 규모size of government·법률적 구조와 재산권legal structure and property rights·정상적 자금에 대한 접근성access to sound money·무역자유도freedom to trade internationally·신용 노동 그리고 비즈니스에 대한 규제regulation of credit, labour and business이다. 이 5개 분야에 24개의 세부 항목이 있다.

2020년 발표에서 우리나라는 162개국 중 36위였다. 앞서의 《월스트리트 저널》과 헤리티지 재단의 조사가 우리에게 훨씬 더 관대했다. 불가리아·체코·루마니아·사이프러스·말타·라트비아 등이 모두 우리 앞에 있다.

지방분권

지방분권의 정도가 약할수록 국가주의의 정도가 심하다고 할 수 있다. 지방정부와 바로 붙어 있는 지역공동체의 역할을 그만큼 죽이고 있기 때문이다. 그런데 이 점에 있어 우리는 바닥이다. 정확히 측정해서 비교할 수는 없지만, OECD 경제협력개발기구 국가들 중 최하위 수준에 있다는 데 있어서는 이론의 여지가 없다.

시·도지사도 뽑고 시장·군수·구청장도 뽑는데 왜 그런가 의아해 할 수 있다. 그러나 뽑기만 해서 되는 게 아니다. 권한이 있고 돈이 있어야 자치를 하는데, 이게 영 그렇지가 않다. 지방의회가 부활된 지 30년이 지나고 있고, 자치단체장이 다시 선출되기 시작해 떠들썩한 선거를 7번이나 했지만 우리의 형편은 아직도 그렇다.

단적인 예를 하나 들자. 〈지방자치법〉 제22조 앞부분은 이렇게 되어 있다.

"지방자치단체는 법령의 범위 안에서 그 사무에 관하여 조례를 제정할 수 있다."

조례는 지방차원의 법률이다. 중앙정부가 법률을 만들어 국가를 운영하듯, 지방자치단체도 그렇게 할 수 있게 한 것이다. 그런데 그 앞의 제한 규정을 한 번 보라. 조례를 제정하기는 하는데 '법령의 범위 안에서'라고 되어 있다. 법령이라면 국회를 통과한 법률, 대통령이 만든 대통령령, 총리가 만드는 총리령, 각부 장관이 만드는 부령 등이다. 이 모든 것을 넘으면 안 된다는 것이다.

　잘못된 것 아니다. 지방자치단체가 함부로 국가의 법령을 넘어서는 안 된다. 그런데 문제는 그런 법령이 얼마나 많고 얼마나 구체적이냐이다. 약 4천3백 개, 법령의 수가 그렇다. 게다가 어떤 법률은 작은 책 한 권의 두께가 된다. 얼마나 많은 조항이 그 안에 알알이 박혀있는지 상상이 가는가? 그런데 그 안에서 조례를 정하란다. 국가가 일사불란한 체제로 온갖 일에 구석구석 일일이 간섭하는 국가주의의 전통이 이 법령들 안에 고스란히 담겨 있는 것이다.

　전통적 가계에서 시어머니가 며느리에게 오늘부터 집안 살림은 네가 다 알아서 하라고 한다. 그러면서 다만 자신이 정해 놓은 원칙은 존중하라고 한다. 며느리가 그러겠다고 하니까 시어머니가 그 원칙이라며 보따리를 하나 준다. 며느리가 펴 보니 노트가 수십 권, 청소할 때의 순서부터 요리할 때 넣는 재료의 양까지 다 정해져 있다. 결국, 며느리가 알아서 하는 것은 청소할 때 걸레질을 왼손으로 하느냐

오른손으로 하느냐, 요리할 때 설탕을 먼저 넣느냐 소금을 먼저 넣느냐 정도이다. 이게 알아서 다 하게 하는 일일까.

앞서 잠시 이야기했듯 자치단체장, 즉 시·도지사와 시장·군수·구청장은 좀 낫다. 지방자치단체장이기에 앞서 중앙정부 일선기관장 지위를 가지고 있기 때문이다. 중앙정부가 지방자치단체에 위임한 국가사무를 처리한다는 말이다. 물론 중앙정부의 사무이니, 중앙정부의 엄격한 통제를 따라야 한다. 자치단체장 입장에서는 그래도 이게 어디냐 하는데, 이런 사무에 관여가 제한되는 지방의회는 도대체 뭔가? 무엇 때문에 만들어 놓고 지방의원들 여비 하나도 못 정하게 하나.

여기에 재정력도 형편없다. 일례로 도시 자치구의 경우는 중앙정부가 마구잡이 선심 쓴 복지사업에 지방자치단체가 감당할 몫을 내느라 정신이 없다. 경직성 복지비지출이 자치구 전체 예산의 60% 이상에 해당하는 경우가 수두룩하다. 여기에 공무원 월급 주고 나면 그것으로 거의 끝이다. 이런 형편에 무슨 자치를 하겠나. 알아서 할 돈이 있어야 알아서 하지.

이 두 가지, 즉 경제자유도와 지방분권만으로 어떻게 국가주의의 상황을 다 이야기하겠나. 그러나 달리 짚어 볼 길이 없으니 이것이라도 살펴본 것이다. 체감하는 국가주의의 정도는 이보다 훨씬 더 심하다.

국가, 혁신의 적(敵)?

발도르프 교육,

다들 이것이 혁신이라는데…

조선의 세습왕조체제가 제대로 작동하지도 죽지도 않는 '좀비'가 되어 나라를 힘들게 했던 것처럼, 국가기구가 과도한 권한을 행사하는 국가주의 체제도 그렇게 될 가능성이 크다.

어떤 문제가 있을까? 이 역시 일반적인 논의를 계속할 이유는 없을 것 같다. 이에 관한 문헌들이 많이 쌓여 있기 때문이다. 얼마나 많은 사람이 자유의 문제를 이야기해 왔고, 또 얼마나 많은 사람이 국가의 과도한 간섭을 비판해 왔겠

나. 또 얼마나 많은 사람이 지역공동체와 분권과 자치의 중요성을 피력해 왔겠나.

이 자리에서는 오히려 오늘과 같은 세상에 있어 가장 중요한 화두라 할 수 있는 '혁신'이라는 관점에서 국가의 과도한 역할이나 간섭이 우리의 앞길을 어떻게 막고 있는지를 보았으면 한다. 살아 있지도 죽지도 않은 권력이 그나마 일어나고 있던 아래로부터의 개혁과 혁신의 발목을 잡고, 그래서 결국은 망국의 길로 가고 말았던 망국 조선이 생각나서이다.

먼저, 그 하나 교육문제이다. 이제 아는 분들이 많아졌으리라 생각하는데 '발도르프 교육 Waldorf education' 프로그램이란 것이 있다. 교육철학자 슈타이너 Rudolf Steiner에 의해 만들어진 프로그램으로 1919년 독일 슈투트가르트 Stuttgart에 있는 담배공장 노동자 아이들에게 처음 적용된 후, 그 효과가 증명되면서 널리 퍼지게 되었다. 역사가 100년 이상이 된 셈이다.

한 마디로 좋은 프로그램이다. 1994년에 열린 세계 교육장관회의에서 21세기 교육의 모델로 선정되어 유네스코의 지원을 받게 되었다는 사실이 이를 증명한다. 우리에게도

EBS가 독일의 대학입시 자격시험인 아비투어Abitur 합격률 100% 기록을 가진 독일 발도르프 학교를 소개한 바 있으며, SBS도 교육 다큐멘터리 〈이것이 미래 교육이다〉 시리즈 1편에서 방영하여 큰 화제를 모은 적이 있다.

우리나라에서도 이 교육이 들어온 지 오래, 그러나 여전히 대안학교이다. 학력 인증이 되지 않으니 아이들은 검정고시를 쳐야 한다. 그래도 부모들은 아이들을 이 학교에 보낸다. 아이들이 행복한 교육, 그래서 한 아이를 보내 보고는 그 동생을 또 보낸다. 그러다 보니 입학경쟁률도 꽤 있다. 아이를 제대로 키우고 싶지 않은 부모가 어디 있겠나. 그만한 이유가 있으니 보내는 것이다.

그러나 아이들을 이 학교에 보내기가 쉽지 않다. 국가로부터 학교로 인정받지 못하고, 그래서 어떠한 재정적 지원도 받지 못하니, 교사 급여 등 학교를 운영하는 비용 대부분을 학부모들이 조합을 형성하여 감당해야 하기 때문이다. 그런데 이게 만만치 않다. 아이가 입학할 때 내는 조합비와 매년 내는 등록금이 서민 가계가 쉽게 감당할 수 있는 정도가 아니다. 그러다 보니 학교는 어느새 중상층 아이들이 다니는 학교가 되어 버렸다.

교육부의 입장은 이럴 것이다.

'교육부가 정한 기준을 따라오지 않는 학교는 학교로 인정할 수 없다. 학교가 아니니 의무교육 지원 대상으로도 인정할 수 없다. 그나마 아이들을 모아 가르치게 해 준 것을 다행으로 여겨야 한다.'

자, 물어보자. 아이들을 어떻게 가르쳐야 한다는 것을 누가 정해야 하나? 학부모들은 정할 수가 없나? 교육부만이 이를 정할 권리가 있나? 아이를 잘 가르치고 싶지 않은 부모가 어디 있겠나. 그런 부모들이 한두 명도 아니고, 수백 명, 수천 명이 돈을 모으고 학교 시설을 짓고, 교재 도구도 직접 만들어가며…, 아이들을 그렇게 가르치고 싶어 한다면 이 또한 교육의 기준이 되어야 하는 것 아닌가? 아니, 오히려 이것이 더 기준이 되어야 하는 것 아닌가?

교육부가 이들 학부모보다 나은 판단을 하는 근거는 도대체 무엇인가? 그것도 이미 세계가 인정한 혁신교육 아닌가? 이 교육에 대해 찬사를 아끼지 않는 그 많은 세계적인 교육자와 교육행정가, 그리고 교육철학자의 기준은 기준이 아닌가.

그래도 안 된다고? 국가는 국가 나름의 교육목표와 기준이 있고, 이에 충실하지 못한 학교는 학교로 인정할 수 없다고? 혁신교육의 필요성을 인정하지만, 그것도 국가교육의 틀 속에서 이루어져야 한다고? 그래서 정부가 직접 혁신학교를 운영하는 것 아니냐고? 어디서 많이 들어보던 소리 아닌가? 오래전 우리의 아버지 어머니, 그리고 할아버지 할머니가 받았다는 일제강점기의 '황국 신민교육,' 그것 아닌가?

교육부 공무원을 비난하는 게 아니다. 바로 이러한 시대착오적 관념이 반영된 법과 제도, 그리고 이를 당연하게 여기는 국가주의적 문화를 비판하는 것이다. 왜 교육개혁과 교육혁신은 늘 국가가 해야 하나? 국민 스스로 일으키고 있는 이러한 움직임은 개혁이 아니고 혁신이 아닌가? 아니, 아래로부터의 혁명, 이것이야말로 이 나라 교육을 바꾸는 길 아닌가? 또 이 나라의 생명력 아닌가.

조선이 왜 망국이 되었나? 개혁과 혁신조차도 세습왕조체제의 국가가 독점해야 한다는 생각에, 아래로부터의 변화 움직임을 누르고 막았기 때문이다. 국가가 나라의 생명력을 죽이던 그때의 그 모습을 우리는 지금 이 시대에 보고 있다.

상상을 해 본다. 꿈을 꾸어 본다. 이 나라 곳곳에 학부모와 혁신교육 운동가들이 모여 학교조합을 만들고, 그 효과가 검증된 다양한 교육 프로그램을 도입하여 아이들을 가르치고, 이 경험이 옆으로 전파되며, 공교육이든 사교육이든 이 나라 교육 전체를 바꾸는 그런 세상, 그런 세상을 꿈꾸어 본다. 이 꿈이 잘못된 꿈인가? 이미 거의 다 죽다시피 한 공교육, 이것만이 교육이라 고집하며, 국민 스스로 일으키고 있는 혁신교육을 교육으로 인정할 수 없다고 우기는 국가를 국가라 해야 하겠나.

예산 혁명? 그 허망한 꿈

두 번째 이야기이다. 오래전, 공무원 교육기관에서 미국에서 일어나 세계로 번진 지출통제 예산제도expenditure control budget를 소개한 적이 있었다. 쉽게 말해 예산을 항목까지 세세히 정해 주는 것이 아니라, 부서별로 총액만 정해 준 뒤 그 세부항목은 부서에서 알아서 쓰게 하는 제도이다. 물론 주민의 만족도 조사 등 그 결과에 대한 평가는 엄격히 하는 것을 전제로 한다.

장점이 많은 제도다. 우선 세세한 항목이 미리 정해질 때에 비해 돈이 옆으로 새는 것이 크게 줄어든다. 이를테면 보도블록 예산을 미리 정해 놓으면 연말에 가서 그 상태가 멀쩡한데도 바꾸지 않으면 안 되는데, 이런 관행이 없어지는 것이다. 보도블록이 멀쩡하면 다른 곳에 쓸 수도 있고, 심지어 회계연도 독립의 원칙까지 파기해 다음해까지 가져가서 다른 일에 쓸 수 있도록 한다. 재정지출의 효용성이 크게 확대되는 것은 말할 필요도 없다.

　　부서 직원이나 부서장의 비전설정 능력도 크게 향상된다. 부서별 총액을 따오기 위해서는 왜 자신이 속한 부서가 그만한 예산을 가져와야 하는지를 최고 결정권자와 다른 부서장을 대상으로 설득해야 하기 때문이다. 치열한 공방이 있는 만큼 연구와 조사 등 큰 노력을 기울여야 한다.

　　아무튼, 이 제도로 인해 미국 캘리포니아의 여러 지방정부가 〈프로포지션 13〉의 재산세 감축에 따른 재정위기에서 벗어날 수 있었다. 당연히 여기저기, 이 나라 저 나라가 앞다투어 채택했고, 우리도 노무현정부 시절 소위 '톱다운 예산제도'라는 이름으로 이를 원용했다. 기억할지 모르겠지만 대통령과 국무위원이 다 모인 자리에서 각 부처의 장관들이 왜 자기가 맡은 부처가 더 많은 예산을 가져가야 하는지를 놓고 격론을 벌였다.

어쨌든 강의 후, 시간이 좀 흐른 후 강의를 들은 지방공무원 한 사람이 연락해 왔다. 고객만족도 등 결과에 대한 평가가 비교적 쉬운 보건소 업무부터 이 방식을 채택하고 싶은데 어떻게 하면 좋겠냐는 것이었다. 갑자기 얼굴이 화끈거렸다. 그리고 대답했다.

"미안하다. 우리는 이 방식을 응용할 수가 없다. 중앙정부가 법령으로 세세 항목까지 모두 미리 정하게 해 놓았기 때문에, 지방정부는 이를 실험조차 할 수가 없다. 미안하다. 공연히 이 제도를 소개한 것 같다."

얼마나 딱한 일인가. 지방자치의 가장 큰 기능 중의 하나가 실험을 가능하게 하는 것이다. 여러 지방정부가 다양한 실험을 하고, 그것이 성공하면 옆으로 퍼져나가고, 나중에는 중앙정부까지 이를 채택하면서 국가행정의 모습이 변하게 된다. 미국과 같은 나라에 있어 행정혁신은 주로 지방정부에서 일어난다. 연방정부의 행정혁신은 지방정부에서 일어난 이러한 혁신 중 어떤 것을 받아들일 것인가를 고민하는 형식이 된다.

　그러나 우리는 아니다. 모든 것은 국가, 즉 중앙정부가 독점한다. 기본관념은 다시 한 번 이렇다.

　'지방정부는 혁신할 능력도 자격도 없다. 지방정부와 그 주민들이 움직이면 공연히 나라만 혼란스럽게 된다.'

배임죄, 걸면 걸리는…

　　그리고 마지막 세 번째는 경제 분야의 이야기로 '배임죄' 문제이다. 몇 년 전, 어느 저축은행의 대주주가 구속되었다. 신용대출을 많이 해 은행에 '위험'을 초래했다는 이유였다. 결국, 몇 년 옥살이했고, 그로 인해 저축은행은 다른 은행에 넘어갔다. 그 외 그가 경영하던 다른 큰 사업들도 마찬가지, 최고 경영자가 없는 상태에서 모두 파산하였다.

　몇 년 옥살이하고 나왔을 때 그 신용대출 잔액은 어떻게 되어 있었나? 대출해 간 사람들이 대출해 간 돈을 거의 다 갚았고, 그로 인해 대출 잔액은 없는 것이나 다름없는 상태가 되어 있었다. 원래 신용이 튼튼한 사람들이었고, 돈을 갚지 않을 이유가 없는 사람들이었다. 대부분 꼬박꼬박 제 때 원금을 갚아 나갔고, 그 결과 아무런 문제가 없는 상태가 된 것이다.

이 일을 어떻게 설명해야 할까? 빼앗긴 저축은행은 어떻게 하고, 이와 함께 파산한 기업들은 어떻게 되나? 몇 년간의 옥살이와 그리로 인한 재정적 파탄과 인간적 고통은 또 어떡하고? 재심을 신청하거나 국가에 배상을 요구하면 되지 않느냐고? 그냥 웃고 말자.

배임은 일반적으로 다른 사람의 사무를 처리하는 자가 자기 이익을 취할 목적으로 그 사무를 맡긴 사람에게 손해가 되는 일을 하는 것을 말한다. 나라에 따라 다르게 적용되는데, 우리의 경우는 손해를 끼친 경우뿐만 아니라 '손해를 끼칠 가능성이 있는' 경우까지 처벌한다. 앞서 예로 든 저축은행 대주주의 경우가 바로 그것이다. 배임죄의 취지를 어느 정도 인정한다 해도 명백히 이것은 아니지 않은가?

이것이 어떤 문제를 낳는지를 생각해 보자. 이를테면 사업을 확장하기 위해 다른 기업을 인수 합병할 때, 이것이 주주들에게 손해가 될지 이익이 될지 알 수 있을까? 'A'안 'B'안 중, 어느 쪽에 손해가 나고 어느 쪽에 이익이 날지 알 수 있을까? 행여 손해가 발생하고 소액 주주 한 사람이라도 이에 이의를 제기하는 경우, 대주주와 경영자는 쉽게 배임 죄의 대상이 된다.

말 그대로 '걸면 걸린다.' 그나마 이익이 나고 성공을 할 때는 그냥 넘어갈 수 있다. 그러나 실패를 하는 경우, 소신 있게 결정하고 투자한 것이 모두 처벌의 대상이 된다. 기업 경영이란 것이 그야말로 교도소 담장 위를 걷는 것이 된다. 이런 환경에서 제대로 된 경영활동을 할 수 있을까? 설령 검찰이나 법원에서 혐의가 없다는 결론이 나온다 해도, 내 사나 조사가 이루어지고 있다는 소문 하나에 기업은 심대 한 타격을 입는다. 진행되던 융자나 계약도 끝장이 나고, 소 비자에 대한 신뢰도 바닥에 떨어진다.

이러니 스폰서 검사, 스폰서 판사가 필요하고, 권력을 가 진 정치인들이나 관료들 눈치도 봐야 한다. 줄 서고 눈치 보고, 로비하고, 법무법인과 변호사 찾아다니고… 이들이 나쁜 사람들이라고? 누가 이들을 이렇게 만들고 있나? 국가 가 이렇게 만들고 있다. 이들은 국가가 만들어 놓은 제도적 환경 속에서 자기 나름의 합리적 행위를 하고 있는 것이다. 걸면 걸리고, 걸리면 망하고, 걸리면 죽는데, 누군들 그렇게 하지 않겠나.

백 번을 양보해, 계획경제 체제 아래 국가가 기업을 통제할 필요가 있었을 때는 나름의 의미가 있었다고 하자. 이런 것 아니면 기업을 끌고 가기가 힘들 수 있었으니까 말이다. 그러면 오늘과 같이 국가가 더 이상 그런 역할을 할 수 없는 시대, 아니 해서는 안 되는 시대에는 이런 제도나 관행이 없어져야 할 것 아닌가.

기업에 문제가 있으면 누가 먼저 움직이겠나. 주식을 가진 주주가 주식을 팔아치울 것이고, 그 기업에 투자한 투자자는 돈을 뺄 것이고, 은행 등 채권자는 빚을 상환하라 독촉할 것이다. 이들이 바보가 아닌데, 왜 국가가 기업의 대주주나 경영자의 목에 이렇게 날카로운 칼을 겨누고 있어야 할까?

2019년 자유한국당 비대위원장직을 그만둔 후 몇 달간 미국에 체류했다. 그때 미국 변호사 한 명을 만나 앞서 소개한 저축은행 대주주 이야기를 해 주었다. 돌아온 반응은 내가 잘못 알고 있을 것이란 이야기였다. 히틀러가 유대인 기업을 그와 비슷한 방법으로 죽이고 빼앗고 했다는 이야기는 들었지만, 오늘과 같은 세상에 그런 일은 있을 수 없다고 했다.

실제 있었던 이야기라고 몇 번을 이야기했지만, 그는 절대 그럴 수 없다고 했다. 그런 나라가 어떻게 오늘과 같은 경제를 이루었겠느냐며, 정말 그렇다면 신神도 못 만들 기적을 만든 게 될 것이라고 했다. 그래서 그에게 말했다.

"그래, 그냥 기적이라 하자."

이렇게 말하는 것 외에 더 뭘 어떻게 말하겠나.

세 가지 예를 들었다. 어찌 이뿐이겠나. 잘못된 과학기술 정책, 잘못된 규제, 잘못된 보조금 등 이야기하자면 책을 100권을 써도 모자랄 것이다. 국가주의의 무겁고 긴 꼬리가 사회 경제 행정 정치 문화 곳곳에서 우리의 현재와 미래를 무겁게 누르고 있다.

이렇게 해서 나라가 온전하겠나. 다산 정약용의 심정을 알 것 같다.

"이대로 가면 필망국必亡國이라, 나라는 반드시 망할 것이요."

그때의 세습왕정 체제가 그나마 일어나고 있던 개혁의 움직임을 죽였듯이, 오늘의 국가주의 체제 또한 곳곳에서 일어나고 있는 개혁과 혁신의 움직임들을 막고 누르고 있다. 변화가 심한 사회, 국가가 이렇게 혁신의 '적敵'이 되어도 되는 건가?

다시 나라가 망하고, 그래서 식민지가 될 일이야 있겠나. 이제 어느 나라도 다른 어느 나라를 식민지로 삼지는 않는다. 게다가 시민사회가, 또 노동자와 기업을 비롯한 사회·경제 세력이 대통령이나 국회 못지않은 정보와 자원동원력을 가지고 있다. 나라가 망하게 그냥 두지도 않는다는 말이다. 그러나 대통령과 국회를 비롯해 점점 '좀비'가 되어 가는 국가권력이 우리를 힘들게 하고, 사회 곳곳에서 일어나는 변화의 움직임을 누를 가능성은 너무나 크다.

4

———

작동하지 않는 국가 Ⅰ

: 대통령,

그 '역삼각'의 권력

많은 사람이 국가가 시장과 공동체에 지나치게 개입하면 안 된다는 말에 공감한다. 그러면서도 다른 이야기를 한다. 누가 국가권력을 운영하느냐에 따라 다를 수 있다는 것이다. 그러다 결국 사람 이야기로 돌아간다. 어떤 사람이 대통령이 되어야 한다는 등.

역량 있고 훌륭한 사람이 대통령이 되면 모든 문제가 해결될 것이라는 이 사람중심의 사고야말로 체제전환을 가로막는 중요한 원인이 된다. 체제전환이 의제로 떠오르는 것을 막을 뿐만 아니라, 체제전환을 이룰 수 있는 리더십의 생성도 막는다.

결국 이런 질문을 할 수밖에 없다. 세종대왕 같은 사람이 대통령이 된다면 지금 이 체제 아래에서, 이 시대 이 나라가 마주하고 있는 태산 같은 문제들을 다 풀 수 있겠는가? 그 태산 앞에 '삽자루' 하나를 들고 있는 대통령의 모습을 그려본다.

4-1

_____

대통령 권력에 대한 두 개의 눈

성공하는 대통령?

박근혜정부가 들어설 무렵 어느 기자가 물었다.

"이 정부가 성공할 수 있을까?"

100% 실패한다고 했다. 문재인정부가 들어설 때, 또 다른 기자가 물었다.

"이 대통령은 성공할까?"

또다시 대답했다.

"100% 실패한다."

바로 이 순간, 누가 다시 물어온다고 하자.

"다음 대통령과 정부는 성공할까?"

"선거 때의 공약처럼 경제를 살려 일자리를 늘리고, 소득 격차도 줄이고, 나라 구석구석에 상식과 공정, 그리고 정의가 강물처럼 흐르는, 그런 세상을 만들 수 있을까?"

답은 마찬가지이다.

"실패할 것이다. 실패의 내용과 그 직접적인 원인이 무엇이건 간에."

오히려 지난날의 비극이 되풀이되지 않을까 두렵다. 할 일과 하지 않을 일 가리지 못하다가, 총 맞아 죽고, 유배가고, 감옥 가고, 자살하고, 탄핵당하고…. 이게 우리의 역사 아니던가. 이런 역사가 반복되지 않는다고 누가 장담할 수 있겠나.

이렇게 말할 수 있다. 선의를 가진 역량 있는 사람을 뽑으면 된다고. 일면 맞고 일면 틀렸다. 아니, 틀렸다고 하는 쪽이 훨씬 더 옳다. 사람의 문제 이전에 구조적인 문제가 있기 때문이다. 즉 누가 대통령이 되건 잘못될 수밖에 없는 틀이 짜여 있다는 말이다. 성공을 하자면 이 틀을 깰 수 있을 정도의 역량을 가진 대통령이 나와야 할 텐데, 문제는 이 틀 안에서는 그런 대통령이 나오기 힘들다는 사실이다. 문제가 서로 물고 물려 있는 것이다.

두 개의 서로 다른 눈

아니, 대통령중심제 국가 아닌가? 그 막강한 권력으로 하고 싶은 것을 다할 수 있을 터인데, 못 깰 틀이나 구조가 어디 있고, 못 풀 문제가 어디 있다는 말인가?

맞다. 실제로 대통령은 막강한 헌법상의 권한을 가지고 있다. 국무총리와 장관, 국영기업체의 장 등 수많은 자리에 대한 인사권을 가지고 있다. 또 막대한 규모의 국가예산을 편성하고 집행한다. 그리고 경찰과 검찰, 그리고 경제경찰이라 할 수 있는 공정거래위원회와 금융감독원 등을 움직일 수 있고, 국군통수권자로서 군을 움직일 수도 있다. 그리고 이러한 권한을 바탕으로 정치를 움직이고, 재계와 학계, 각종의 사회단체, 심지어 언론과 사법부에까지 큰 영향을 미친다.

그야말로 '무소불위,' 어마어마한 힘으로 보일 수 있다. 또 실제로 이를 증명이나 하듯, 잘 보여 벼락출세하는 사람도 나오고, 잘못 보여 하루아침에 망하는 기업도 나온다. 그러니 그렇게 보이지 않겠나. 특히 위계질서에 익숙한 사람이나, 자리나 이권을 얻고 싶은 사람, 아니면 경찰 검찰 국세청 등의 권력기구를 두려워해야 할 이유가 있는 사람들

눈에는 더욱 그렇게 보일 것이다.

그러나 정말 그럴까? 대통령의 힘이 그렇게 강할까? 아래 두 분의 이야기는 다르다. 다른 분들이 아닌, 실제로 대통령을 해 본 분들이다.

먼저 세계를 움직이는 권력, 미국 대통령 이야기이다. 대통령 연구의 고전이라 할 수 있는 노이슈타트Richard Neustadt의 책 《대통령의 권력Presidential Power》 머리 부분에 있는 이야기인데, 언젠가 다른 책에 소개한 적이 있지만 다시 한 번 소개한다.

미국의 33대 대통령 트루먼Harry Truman이 8년간의 대통령직을 마치고 백악관을 떠나게 되었다. 마지막으로 집무실을 둘러보면서 그 자리에 앉게 될 새 대통령, 즉 군 장성 출신이자 제2차 세계대전의 영웅 아이젠하워Dwight Eisenhower를 생각한다. 그리고는 한마디 한다. '불쌍한 아이젠하워poor Ike.'

"이 친구, 이 자리에 앉겠지. 그리고는 '이것 해라 저것 해라' 할 거야. 하지만 뭐 되는 게 없을 걸. 불쌍한 아이젠하워. 군대 같은 줄 알겠지. 하지만 천만의 말씀. 엄청 실망하게 될 거야(He will sit here, and he will say, 'Do this do that' And nothing will happen, Poor Ike, It won't be a bit like army, He'll find it very frustrating)."

또 하나, 노무현 대통령이 생명을 마감하기 2달여 전, 그러니까 퇴임 후 1년 남짓 지난 시점에서 쓴 글의 일부이다 정치하지 마라, 2009. 3. '또렷하게 남아 있는 것은 실패의 기록 뿐…' 슬프고도 우울한 이야기이다.

정치를 하는 목적이 권세나 명성을 좇아서 하는 것이라면, 그래도 어느 정도 성공을 할 수도 있다…. (그러나) 이웃과 공동체, 그리고 역사를 위하여, 가치 있는 뭔가를 이루고자 정치에 뛰어든 사람이라면, 한참을 지나고 나서 그가 이룬 결과가 생각보다 보잘 것 없다는 것을 발견하게 될 것이다. 열심히 싸우고, 허물고, 쌓아 올리면서 긴 세월을 달려왔지만, 그 흔적은 희미하고, 또렷하게 남아 있는 것은 실패의 기록 뿐, 우리가 추구하던 목표는 그냥 저 멀리 있을 뿐이다.

왜 다르게 보일까?

왜 이렇게 한 쪽은 '무소불위'라 이야기하고, 다른 한 쪽은 '무력감'을 이야기할까? 우선 후자, 즉 대통령을 해 본 분들의 이야기를 냉소적으로 받아들일 수 있다. 일을 제대로 못해 실패해 놓고는, 마치 힘도 없고 여건도 안 되어 그렇게 된 것처럼 말한다는 것이다.

그러나 단순히 그렇게 볼 일은 아니다. 근원적인 차이는 크게 두 가지에서 온다. 먼저 그 하나는 우리 앞에 놓인 시대적 과제 또는 문제들을 제대로 보느냐, 또 이에 대해 얼마나 진지하게 접근하느냐에 있다. 길에 큰 바위가 놓인 경우, 자신이나 뒤에 올 사람들을 위해 이를 옮겨 놓겠다는 사람은 스스로 가진 힘이 부족하다는 것을 느낄 것이다. 하지만 그런 바위가 눈에 보이지도 않거나, 혼자 돌아가면 그만이라 생각하는 사람은 그런 부족함을 느끼지 못한다. 같은 체력을 가졌다 하더라도 말이다.

같은 이치이다. 풀어야 할 문제에 대한 고민이 깊은 사람은 대통령 권력의 한계와 모순을 쉽게 느낀다. 그러나 그런 고민이 없는 경우, 그 권력과 힘은 그냥 크고 달콤해 보인다. 특히 이 사람 저 사람 자리 챙겨주고, 여기저기 이권 챙기는 게 인생인 권력브로커나 모리배 눈에는 그것이 무슨 로또 상품 정도로 보일 것이다. 그래서 그 '동네'를 떠나지 않는 것이고.

또 하나의 문제는 우리 사회 전체의 권력구조 변화를 제대로 이해하고 있느냐이다. 실제로 대통령 권력의 상대적 비중은 크게 떨어졌다. 나라 전체 권력을 100이라 할 때, 제3공화국에서 제5공화국에 이르는 기간의 대통령 권력은 그중 얼마가 되었을까? 편하게 그냥 50 정도가 되었다고 하자. 나머지 50을 재벌, 언론, 시민사회, 군 등이 나누고 있었다 치고.

지금은 얼마나 될까? 그 10분의 1이나 될까? 세상이 변했다. 외국서 끌어 온 차관借款을 기업들에게 나누어 주고, 그러면서 무한대의 정치자금을 받아서 뿌리고, 국회의원 정수의 3분의 1을 사실상 '임명'하고, 하루아침에 언론사 문을 닫게 하고, 누구든 교도소로 보내고…. 이제 그런 권력은 없다. 시장이 성장하고 시민사회가 성장하고, 그러면서 대통령의 실질적 권력은 계속 축소되었다.

이제는 청와대 행정관이 기업에 건 전화 한 통이 '게이트'가 된다. 소속 정당이 선거에서 좋은 결과를 얻었으면 좋겠다는 말 한마디로 탄핵소추가 되고, 측근에게 줘서 안 되는 특권을 부여했다 하여 탄핵되기도 한다. 과거의 그 힘이 아니라는 말이고, 그만큼 무슨 일이든 제대로 처리해내기가 어렵다는 말이다.

그러나 과거의 그 경험이 너무나 강해서일까? 아니면 변화가 너무 빨라서일까? 많은 사람이 아직도 이런 변화를 내면화하지 못하고 있다. 무의식중에 대통령은 뭐든 마음대로 할 수 있는 존재로 인식된다. 그래서 그 권력을 실제 경험한 사람과 경험하지 못한 사람 사이에 큰 차이가 생기게 된다.

　아래에서는 이 두 가지 문제, 즉 대통령 앞에 놓이는 '문제' 또는 과제의 무게가 어느 정도인지, 또 대통령 권력을 제약하고 있는 정치사회적 요인들이 무엇인지에 대해 좀 더 이야기해 보기로 한다.

4-2

'역삼각 권력' 그리고 그 배경

크고 무거운 '문제'

그러면 우리가 가야 할 길을 막고 있는 '바위,' 즉 대통령이 풀어야 할 문제가 얼마나 큰지 물어보자. 대통령 권력, 더 나아가서는 국가권력이 이를 풀 정도가 되는지를 짚어보기 위해서이다.

미리 이야기하지만 이런 '바위'는 하나둘 있는 게 아니다. 우리가 가야 할 길, 또 가지 않으면 안 되는 길에 수없이 있다. 심지어 '바위'가 모여 큰 '산'을 이루기도 하고 '태산'을 이루기도 한다. 그 수많은 것 중 한두 개를 집어, 이게 도대체 얼마나 무거운 물건인지 곁눈질이라도 한번 해 보자.

먼저, 우리 모두 고민하는 일자리 문제를 보자. 일자리가 늘어나려면 일자리를 만들 수 있는 산업이 잘 돌아가야 한다. 그런데 당장에 제조업부터가 문제다. 그동안 고용 증가의 일등 공신이었지만, 이제 자동화다 인공지능화다 하여 더 이상 그런 역할을 할 수 없게 되었다. 성장을 해도 고용이 예전처럼 늘지 않는 '고용 없는 성장의 시대'가 시작된 지 이미 수십 년이다.

여기에 다시, 기업들이 생산기지를 해외로 옮기고 있다. 노동임금이 비싸고 노조가 강해서만이 아니다. 그 정도는 오히려 약과다. 더 큰 문제는 이제 사람을 많이 쓰지 않아도 된다는 사실이다. 쉽게 말해 기계 안에 기술도 들어있고, 사람도 들어있는 세상이다. 이런 기계들로 자동화 시스템을 갖추면 그것으로 끝, 굳이 임금이 싼 나라나 기술력이 높은 나라에서 생산할 이유가 없다.

이런 세상에 공장을 짓는다면 어디에 지을까? 당연히 소비시장이 가까운 곳이 먼저다. 그래야 물류비용을 줄여 경쟁력을 확보할 수 있기 때문이다. 소비시장이 큰 쪽은? 미국, 유럽, 중국…. 특히 미국과 유럽은 자본시장이 잘 발달해 있을 뿐만 아니라, 디자인 등 부수적인 서비스까지 좋다. 이들 나라 정부의 자국중심주의 압력이 없어도 스스로 알아서 옮길 판이다.

이런 움직임을 대통령이 막을 수 있을까? 소통의 리더십이 어쩌고 하면서 청와대로 초청해서 같이 밥 먹으면서 설득도 하고… 그러면 될까? 그야말로 가소로운 이야기이다. 그렇게 해서 생산기지를 국내에 두게 된 기업이 그로 인해 손실을 보게 되면 어떻게 될까? 대통령이 손해를 물어주기라도 하나? 주주는 주식을 팔고, 투자자는 투자한 것을 거두어들이고, 그래서 기업 가치는 내려가고… CEO가 배임으로 걸려들지 않으면 다행이다.

설득으로 안 되면 보조금 등 돈을 뿌려 막는다고? 또 한 번 가소로운 이야기이다. 온 세계의 비난을 다 뒤집어쓰는 것은 물론, 얼마 못가 WTO의 제재까지 받게 된다. 또 그게 아니면 세제혜택이나 행정적 배려로 막는다고? 일시적 효과는 있겠지만 그런 산소호흡기 달고 얼마나 더 살 수 있겠나. 결국은 시장市場을 이기려고 한 무모함으로 기록되고 말 것이다.

그러면 무엇으로 일자리를 만드느냐? 문화콘텐츠나 각종의 서비스와 같이 무게가 나가지 않는 무엇을 만들어 팔거나, 이동이나 수송에 별도의 비용이나 시간이 들어가지 않는 무엇을 생각할 수밖에 없다. 그러자면 기존의 산업구조를 확 바꾸어야 하는데, 이게 또 간단한 '바위'가 아니다. '바위'를 넘어 '산'이고 '태산'이다.

자, 보자. 이게 가능해지려면 노동과 자본이 새로운 산업 쪽으로 옮겨가야 한다. 아니 뭐라고? 노동이 이동해야 한다고? 그 과정에서 일어나는 고용불안과 그에 따른 노동세력의 '투쟁'은 어떡하고? 탱크를 앞세워서라도 해야 한다고? 그런 것 하라고 대통령 시킨 것 아니냐고? 정말 그렇게 생각한다면 우리는 오늘과 같은 세상에 존재할 수 없는, 더 나아가 존재해서는 안 되는 사람이다.

자본의 이동도 마찬가지, 대기업은 어떻게 해나간다 해도, 작은 기업들은 어떡하지? 신산업에 대한 위험부담은 어떻게 감당하고, 이에 필요한 자금은 또 어떻게 확보하나? 은행과 투자금융, 그리고 주식시장 등 자본시장에서 구하면 된다고? 정부가 그 위험을 '헤지hedge'해 주면 된다고? 다시 한 번, 정말 그렇게 생각한다면 우리는 몽상가 이상의 그 무엇도 아니다.

연관된 이야기를 하나 더 해 보자. 4차 산업이든 뭐든,

신산업으로 가려면 이를 돌릴 수 있는 인력이 양성되어야 한다. 즉 새로운 지식과 기술로 무장된 지식근로자와 지식 노동자가 넘치도록 해야 한다. 독일과 미국을 비롯한 세계의 모든 나라가 이를 위해 뛰고 있음은 말할 필요도 없다.

누가 이러한 인력을 키울 것인가? 정부? 학교? 학원? 당연히 이들 모두 중요한 역할을 해야 한다. 그러나 이들의 역할 정도로는 어림도 없다. 일이 제대로 되자면 기업이 나서야 한다. 그것도 고용인구 대부분을 고용하고 있는 중소기업이 나서 주어야 한다. 일을 하는 과정에서 새로운 지식과 정보를 얻고, 또 새로운 기술을 연마해 갈 수 있도록 해야 한다는 말이다.

그러나 우리는 이게 꽉 막혔다. 중소기업들이 움직이지 않고 있기 때문이다. 능력이 안 되어서도 그렇지만, 기업 계층 간의 임금 격차가 크기 때문이다. 우수한 인력이 계속 상위계층이나 임금이 높은 쪽으로 이동하는 구조 속에서, 중소기업이 어떻게 재교육과 재훈련에 큰 신경을 쓸 수 있겠나. 잘 가르치고 잘 훈련시켜 놓으면, 오히려 회사를 그만두고 다른 곳으로 가 버리는 판에.

독일과 같은 나라에서는 연대임금제가 자리 잡고 있어

이러한 모순이 발생하지 않는다. 기업 계층에 따른 임금 차이가 그리 크지 않기 때문이다. 직장을 옮겨 좀 더 받게 된다고 해 봐야 익숙한 직장이나 정든 곳을 떠남으로써 입는 유무형의 손실보다 크지 않다는 말이다. 그래서 중소기업들의 기술역량이 높은 것이고, 이러한 역량을 바탕으로 흔히 말하는 '히든 챔피언hidden champion' 기업들로 성장해 나가곤 한다.

또 미국과 같은 나라의 경우는 임금이 개인의 생산성을 기초로 지급되는 경향이 강하다. 즉 기술역량이나 혁신역량이 높은 근로자나 노동자에게는 그에 맞는 임금이 지급된다. 개별적인 처우개선이 가능하다는 이야기이고, 이로 인해 이동욕구를 가진 근로자의 이동욕구를 떨어뜨리게 된다는 말이다.

우리도 이와 비슷하게라도 하면 되지 않느냐? 그렇다. 그렇게 하면 된다. 문제는 누가 어떻게? 독일과 똑같이 할 이유는 없지만, 굳이 예를 들자면 연대임금제 하나로도 세상이 뒤집어질 판이다. 수없이 많은 사람과 기업이 그 과정에서 희생되고 다칠 것이다. 그러고도 성공할 수 있으면 다행이지만, 그 보장도 없다. 그래도 밀어붙이면 된다고? 누가 대통령 권력 앞에 그렇게 버티겠느냐고? 한때 유행했던 '개그'가 생각난다. '해 봤어? 아니면 말을 하지 마~.'

이 외에도 얼마나 많은 과제들이 쌓여있겠나. 금융개혁, 기술혁신, 교육개혁과 인력양성체계 정비, 사회안전망 강화 등 먹고사는 것과 직결된 것만 해도 그 끝이 보이지 않는다. 하나하나가 '바위'이고 '산'이고 '태산'이다. 이 과제들 앞에 5년 임기 대통령의 인사권과 재정권 등 그 '무소불위'로 보이는 권력은 초라해질 대로 초라해진다.

오해를 피하고 싶어 여기쯤에서 한마디 해 둔다. 이 자리에서 하는 이야기는 대통령 권력의 한계에서 보듯, 국가가 큰 역할을 하기 어려운 세상이라는 것이다. 대통령이 아무 것도 할 수 없다는 이야기는 결코 아니다. 국가가 작동하기 힘들면 어떻게 해야 하겠는가? 시장과 공동체가 작동하게 해 주어야 한다. 이를 위해 대통령은 그야말로 역사에 없었던 큰일을 해야 한다. 문제 하나하나를 직접 해결하겠다고 덤비는 것보다 수십 배, 수백 배 중요한 일이다.

그 일이 어떤 일인지는 차차 이야기하기로 하자. 일단은 대통령 권력이 작동하기 힘이 든다는 이야기를 계속해 나가기로 하자. 이번에는 대통령 권력, 더 나아가서는 국가권력을 제약하는 정치사회적 환경에 관한 이야기이다.

대통령 위의 권력들

노무현정부 중반기 때 주요 현안 하나를 놓고 대통령이 관련 시민단체 인사 두어 명을 관저로 초대했다. 식사가 끝난 후 대통령이 이 일을 추진해야 하는 이유를 설명했다. 곧바로 이들의 비판과 비난이 시작되었다. 다 말하지 않겠지만 이들의 '언행'은 대단했다.

성격상 웬만한 비판이나 비난도 참아내는 대통령이었다. 때로 격하게 부딪치기도 하지만 상대의 의견을 듣지 않겠다고 한 적은 없었다. 그런 대통령이 자리를 마감한 후 말했다.

"다시는 내 앞에 데리고 오지 마라."

그들의 그 언행이 어느 정도였는지 짐작하리라 믿는다.

왜 이런 일이 생겼을까? 달리 그러했겠나. 시민단체 인사가, 대통령 권력이 살아서 움직이는 임기 중반, 그것도 대통령이 한 뼘 더 먹고 들어가는 대통령 관저에서, 대통령을 향해 예의에 어긋난 언행을 할 정도로 세상이 변한 것이다. 경호실장이 아무나 잡아다 물고를 내곤 하던 그때 그 시절

이 아니다.

하나 더 이야기하자. 정부 말기, 대통령은 수시로 뼈 있는 농담을 하곤 했다.

"이 안案으로 가자. 그러나 내가 이 안案을 좋아한다고 소문내지 마라. 그러면 될 일도 안 된다."

사실 그랬다. 대통령이 하고 싶다는 인상을 주는 순간 야당은 더 격렬하게 반대하고, 언론은 시시비비를 더 크게 따졌다. 진영논리가 동원되면서 여론도 더 험악해졌다. 대통령과 청와대는 무관한 듯, 아니면 오히려 조금은 부정적인 듯 보이는 것이 도움이 되었다.

이런 이야기를 하면 곧 반론이 제기된다.

"문재인 대통령은 하고 싶은 대로 다 하고 있지 않느냐?"

그때마다 하는 답이 있다.

"가서 물어봐라. 하고 싶은 대로 다 하고 있는지."

실제로 그렇다. 소득주도성장도 끝내 난관에 부닥쳐 있고, 내내 주물럭거린 검찰개혁도 완성하지 못한 채, 이에 반대하던 검찰총장을 야당의 유력한 대통령 후보로 만들어놓았다. 원전 폐기 문제도 마찬가지, 또 한 명의 야당 유력 후보를 만들게 되었다. 이게 모두 문 대통령 뜻대로 된 일이겠나.

누가 뭐래도 대통령의 권력은 과거와 같지 않다. 경제가 성장하고 민주화가 심화되면서 국회 기업 노조 시민사회 언론 학계, 그리고 국민 한 사람 한 사람의 힘이 크게 자라는 것과 달리 대통령의 권력은 계속 줄어들었다. 앞서도 이야기하였지만 제3공화국에서 제5공화국까지의 권력에 비하면 그 10분의 1이나 20분의 1 정도나 될까?

이러니 작은 사안 하나에도 크고 작은 이해관계 집단이나 신념집단이 들고일어난다. 서로 물고 물리면서 일은 더 복잡해진다. 이쪽이 가라앉으면 저쪽이 들고일어나고, 저쪽이 조금 조용해지면 이쪽이 시끄러워진다. 이에 비해 대통령과 정부의 조정 능력이나 통제 능력은 점점 더 떨어지고 있다.

여당이라도 협조를 잘해 주면 다행이련만 이 또한 그렇지도 않다. 집권 초기에는 시키지 않은 거수기 노릇도 하지만, 임기 4년 차나 5년 차가 되면 그 태도가 변한다. 특히 대통령 지지도가 한계를 보이는 임기 말이 되면 '여당 안의 야당' '소신 있는 정치인' 운운하며 대통령이나 청와대에 등을 돌리는 것을 무슨 훈장 다는 것쯤으로 여긴다. 그러다 대통령에게 탈당을 요구하고 탈당하지 않으면 새로운 당을 만든다거나 야단법석을 떤다.

　관료집단도 마찬가지, 대통령의 지휘나 지시에 따라 일사불란하게 움직이지 않는다. 노조가 형성되어 있는 데다, 직업공무원으로서 그 지위가 법률로 보장되어 있다. 부당성이 조금만 의심되어도 움직이지 않는다. 게다가 법령과 규칙, 그리고 지침 하나하나가 밟으면 터지는 '지뢰'가 된다. 열심히 움직이면 움직일수록 '지뢰'를 밟을 가능성이 큰 상황, 누구도 감히 앞서 움직이지 않는다.

　정치한다는 사람들이, 그리고 국록을 먹는 관료가 그러면 되느냐고? 당연히 그래서는 안 된다. 그러나 공공선택 public choice 이론의 기본논리처럼 이들도 나름의 합리적 선택을 하는 인간이다. 전체적인 환경과 구도가 그렇게 짜여 있으니 그렇게 움직일 수밖에 없다. 그런 환경과 구도를 고치면 되지 않느냐고? 하지만 이걸 어쩌나. 이게 또 하나의 '바위'이고 '산'인 것을.

　결국, 일이 어떻게 돌아가는지 그 형편을 보자. 노무현정부 시절인 2006년, 대통령직선제 시행 이후 행정부 발의의 법안이 행정부를 거쳐 국회를 통과하는 데까지 걸린 시간을 조사한 적이 있다. 이해관계자들과 싸우고 설득하고 협의하고… 그리고 또 국회로 가서 그 복잡한 과정을 다 거치고…. 그래서 걸리는 시간이 평균 35개월이었다. 인수위 때 구상한 것이 레임덕이 될 때가 되어서야 시행에 들어간다는 말이었다. 이런 체제 아래 대통령이 그 '바위'를, 아니 그 '산'과 '태산'을 제대로 옮길 수 있겠나.

몇 년 전, 대통령 권력은 '역삼각형'이거나, 밑변이 아주 좁은 마름모꼴이라 했다. 헌법적 위무와 국민적 기대, 그리고 앞에 놓인 과제는 역삼각형의 윗변처럼 넓지만, 실제로 일을 할 수 있는 기반은 역삼각형의 아래 꼭짓점처럼 좁다는 뜻이었다.

역삼각형은 작은 바람에도 쉽게 흔들린다. 대통령도 마찬가지, 쉽게 흔들릴 수밖에 없다. 특히 이러한 모순의 결과가 확연해지는 임기 후반이 되면 문제는 더 심각해진다.

"일자리는 도대체 얼마나 늘린 거냐?"

"세우겠다고 한 정의는 어디가 있느냐?"

"빈부 격차 해소한다더니 이 꼴이 뭐냐?"

역삼각 권력의 꼭짓점은 더 날카로워지고, 불행의 조짐은 점점 더 뚜렷해진다.

4-3

'역삼각 권력'의 선택

대통령이 되기 전, 후보들은 과제에 대한 고민을 잘 하지 않는다. 과제를 수행하게 되는 환경이나 기반이 어떤지도 거의 생각하지 않는다. 정당이나 '캠프'도 마찬가지, 고민할 능력이나 체계도 잘 갖추어져 있지 않지만, 이를 고민할 이유도 없다. 유권자의 관심이 이런 부분에 있지 않기 때문이다.

오히려 모두 표를 얻는 데 직접적인 영향을 주는 일에 매몰된다. 상징적 언어나 행동으로 이미지를 고양하는 일, 상대의 비위나 비리를 공격하는 일, 지역감정이나 진영논리를 강화하거나 방어하는 일, 조직을 동원하고 메시지를 전파

하는 일 등이다. 대통령이 해야 할 일이나 그 일을 하게 되는 환경 등에 관한 고민은 '우리도 이런 게 있다'는 식의 방어용 내지 '알리바이 증명용' 문건 하나 만들어 두는 정도면 족하다고 생각한다.

그러나 대통령이 된 다음에는 이야기가 달라진다. 이제는 산업이 돌아가게 해야 하고, 일자리도 만들고 빈부 격차도 해소해야 한다. 약속만 계속해서 될 일도 아니고, 미사여구로 빠져 나갈 수도 없다. 상대를 비난하고 욕한다고 해서 되는 일은 더욱 아니다. 이제 국민이 원하는 것을 손에 쥘 수 있도록 해 주어야 한다.

시간이 갈수록 대통령은 자신 앞에 놓인 과제를 분명히 보게 된다. 그리고 자신의 손에 무엇을 들고 있는지를 느끼게 된다. 과제는 '바위'이고 '산'인데, 자신이 들고 있는 권한과 권력이란 것이 '삽자루' 하나 이상이 되지 않는다는 것도 알게 된다. 대통령으로 당선되었을 때의 흥분과 자신감은 사라지고, 이제는 갖가지의 깊은 고민으로 밤잠을 설치게 된다.

삽자루 하나로 '바위'와 '산'을 어떻게 옮기겠나. 그렇다고 그냥 욕만 먹을 수는 없다. 무엇이든 해야 하는데 무엇을 하면 좋을까? 가장 쉽게 선택되는 것이 '퍼포먼스'이다. 즉 그럴듯한 언어와 행동, 그리고 행사 등으로 뭔가 다르다는 느낌을 주거나, 뭔가 하고 있다는 생각을 가지게 하는 것이다. '국민과의 대화'도 하고, 재벌들을 불러 투자를 독려하고, 재래시장 아주머니의 손도 잡아주고, 감동적인 영화를 보며 눈물도 흘리고… 정치인이면 누구나 다 하는 일이지만, 그래도 대통령 아닌가. 각별히 더 신경을 쓰며 상징과 이미지를 조작해 낸다.

또 하나 하게 되는 일이 대중영합적 재정 투입, 즉 돈을 뿌리는 일이다. 신산업으로 일자리를 만드는 것이 안 되니 정부 돈으로 일자리를 만든다. 노동개혁으로 임금 격차 줄이는 것이 안 되니 나라 돈으로 그 격차를 메우고… 사적인 사고에도 보상, 소비가 줄어들어도 보상… 대통령이 못하거나 실패하는 건 모두 돈으로 때운다. 어쩌겠나. 지금 당장 국민 불만이 높아지고, 그래서 불안한 마음이 온몸을 휘감는데… 일단 쓰고 보는 것이다.

마침 재정건전성 악화에는 국민적 관심이 그리 높지 않다. 지금 당장의 부담이 아닌데다, 소득세와 법인세 면세자 비율이 40% 안팎이다. 장차 늘어날 조세부담을 걱정하지 않아도 되는 사람이 그만큼 된다는 이야기이다. 게다가 재정구조 또한 아직은 다른 나라에 비해 건전한 편에 있다. 못 뿌릴 이유가 없다.

여기에 다시, 또 하나의 전략이 동원된다. '적폐'라 하건 '빨갱이'라 하건 '꼴통'이라 하건 상대에 대한 분노를 일으켜 집권 기간 내내 가져간다. 선거 때 이미 일으켜 놓았으니, 크게 노력하지 않아도 된다. 어쨌든 분노가 치솟고 싸움이 일어나면 웬만한 일은 다 그 뒤로 사라진다. 심해지면 그 분노와 싸움이 어디서 시작되었는지도 잊어버린다. 그저 네 편 내 편 하는 가운데 잘 되지 않는 일은 모두 '네 탓'이 된다. 적지 않은 싸움이 사실은 이렇게 해서 만들어진다.

작동되기 힘든 '역삼각 권력'의 임기 5년을 이렇게 해서 버텨나간다. 우리 앞에 놓인 문제를 푸는 국정을 하는 것이 아니라, '퍼포먼스'와 돈 뿌리기, 그리고 의미 없는 싸움을 통해 그 생명을 이어가는 것이다. 그러나 국민이 바보인가? 임기 말이 다가올 즈음에는 이런 속임수가 더 이상 통하지 않게 된다. 대통령과 그 정부는 또 한 번의 심판을 앞두게 된다.

다시 한 번 이야기한다. 사람이 잘못되어 이 모양이냐?

그러기도 하겠지만 그것만으로는 설명이 안 된다. 많은 부분, 제대로 작동하려 해도 작동할 수 없는 대통령에게 과도한 권한과 역할을 부여하고 있기 때문에 일어나는 일이다. 대통령과 그 정부는 계속 실패하고 있고, 이것은 다시 정치를 혼란 속으로 빠뜨리며, 이 악순환의 고리를 깰 수 있는 지도자와 정치세력의 등장을 막고 있다.

줄줄이 실패하고 있다. 얼마나 많은 대통령이 실패하고, 또 얼마나 많은 정부가 실패해야, 이것이 단지 사람 하나 잘못 뽑아 생긴 일이 아니라는 것을 알게 될까. 감옥 가고 유배 가고 죽고 탄핵당하고… 이런 비극이 얼마나 더 계속되어야 '성군聖君'을 기다리는 사람중심의 사고에서 벗어나 이 비극을 만드는 구조와 틀에 대해 고민하게 될까.

5

————

작동하지 않는 국가 Ⅱ
: 국회,
'농경시대의 유물'

국회에 대해서도 사람중심의 사고가 있다. 좋은 사람을 선출하면 그 모습이 달라질 것이라는 기대이다. 소위 '물갈이론'이다. 정치권도 이에 질세라 선거 때만 되면 인물 영입으로, 또 동료와 동지들을 잘라내는 '꼬리 자르기'로 분식(粉飾)한다.

이러한 기대와 문화 또한 체제전환을 막는 중요한 원인이다. 앞 장(章)에서 말한 것처럼 체제전환이 의제로 떠오르는 것을 막을 뿐만 아니라, 체제전환을 가져올 수 있는 리더십의 생성도 막는다.

앞 장(章)과 똑같은 질문을 할 수밖에 없다. 이순신 장군과 안중근 의사가 국회의원이 되면, 이 시대 이 나라가 마주하고 있는 문제들을 풀 수 있는 국회가 될까?

5-1

'멀쩡' 국회의원, '엉망' 국회

한 사람 한 사람은 괜찮은데…

국회는 대통령과 함께 국가의 가장 중요한 의사결정기구이다. 국민을 대표하여 법률을 제·개정하고 예산을 심의·의결하고 행정부와 사법부의 활동을 감시한다. 그 결정의 질이 높으면 나라와 국민은 그만큼 편할 수 있고, 그렇지 못하면 나라는 그만큼 어지러워지고 국민은 불행해진다.

앞 장^章의 대통령 부분과 마찬가지로 이 역시 결론부터 이야기하자. 국회는 이 나라와 이 시대가 필요로 하는 수준의 질 높은 결정을 해나갈 수 있느냐? 답은 'No'이다. 그러면 앞으로는 나아질 것인가? 다시 한 번 'No' 이것도 아니다.

무엇이 문제인가? 흔히 말하듯 국회의원들이 무능력하고 부도덕하고, 자기 이익이나 챙기는 사람들이 되어서 그런가? 차라리 그러면 다행이다. 쉬운 일은 아니겠지만 소위 '물갈이,' 사람만 대거 갈아치우면 되니까 말이다. 그러나 문제는 그 정도가 아니다. 사람문제가 영 없는 것은 아니지만 문제는 그보다 훨씬 깊다.

실제로, 평소 국회의원들을 욕하고 다니던 사람도 국회의원을 한 사람 한 사람 만나보고는 다른 이야기를 한다. '그 사람은 그런대로 괜찮던데…' 그렇다. 명색이 국회의원이다. 그 대부분은 지식과 교양 그리고 도덕에 있어 그렇게 떨어지지 않는다. 권력에 대한 욕구나 재선에 대한 욕구가 강하다고 비난하는 분들이 있는데, 이것 자체는 비난할 것이 못 된다. 돈을 벌고 싶은 욕구가 있어야 내리 좋은 물건을 팔아 신용을 쌓듯, 국회의원 또한 그런 욕구가 있어 더 좋은 국회의원이 될 수 있다.

어쨌든 예외적인 경우가 없기야 하겠냐마는, 국회의원 한 사람 한 사람은 대체로 '멀쩡한' 사람들이다. 그런데 문제는 이 '멀쩡한' 사람들이 집합적으로 만들어 내는 결정은 그 질이 엉망이라는 사실이다.

박물관으로 가야 할 의회

결정의 질을 이야기할 때 우리는 크게 두 가지를 이야기한다. 하나는 합리성, 즉 풀어야 할 문제를 풀고 있고, 또 그에 합당한 대안이나 수단을 찾아 채택하고 있느냐이다. 또 하나는 시의성, 즉 때와 상황에 맞는 결정이냐는 것이다. 국회의 결정은 이 두 가지 모두에 있어 문제가 많다. 풀어야 할 문제를 제때 푸는 것도 아니고, 이를 위해 채택하는 수단들 또한 그리 적절하지 않은 경우가 많다는 말이다.

사람은 괜찮은데, 집합적으로 내리는 결정의 질은 형편없다? 결국, 그 집합적 결정의 구도, 즉 국회 그 자체에 문제가 있다는 이야기이다. 일종의 내재적 한계 내지는 모순이라고 할까…. 실제로 그렇다. 내가 국회의원이 되고 네가 국회의원이 되어도, 국회는 우리가 원하는 수준의 결정행위를 하지 못한다. 위대한 분들의 명예를 훼손하는 말이 될지도 모르겠지만, 세종대왕과 이순신 장군 그리고 안중근 의

사까지 살아 돌아와 국회의원이 된다고 해도 그렇다.

벌써 40년이 넘은 책 《제3의 파도The Third Wave》에서 토플러Alvin Toffler 는 의회제도가 가지는 한계로 인해 무력감에 빠진 미국의 한 지도급 상원의원의 말을 옮겨 적었다.

"광적인 생활 속도, 길고 지루한 시간, 피곤한 여행, 끊임없는 회의, 그리고 계속되는 정신적 압박감…. 이러한 일들이 무슨 의미가 있겠는가?"

이어 소개된 영국 어느 하원의원 독백도 이렇다.

'의회는 박물관에 지나지 않는다. 과거의 유물일 뿐이다.'

의회가 농경시대에나 어울릴 수 있을 정도의 본질적이고 구조적인 모순과 한계를 지니고 있다는 말이었다. 그로부터 다시 40년 이상이 흐른 지금, 세상은 더 빨리 변하고 있다. 이들이 한 말의 취지가 더 큰 의미로 다가올 수밖에 없다. 과연 어떤 모순과 한계를 지녔는지, 의회가 다루는 문제 자체가 어떻게 변해왔나를 중심으로 짚어보자.

5-2

모순과 한계 Ⅰ : 문제의 대량화

폭증하는 '문제'

질문부터 던져보자. 오늘날 풀어야 할 문제의 수가 폭발적으로, 그리고 매우 빠르게 늘어나고 있다. 우리 국회를 포함해 의회라는 기구가 이를 감당해 낼 수 있을까? 일사불란하게 움직이는 기구가 아닌, 대화하고 타협하고 협상해야 하는 기구, 또 대립 갈등 싸움으로 점철될 수밖에 없는 기구, 그래서 의사결정 과정이 느려터질 수밖에 없는 기구로서의 의회가 말이다. 누구도 긍정적인 답을 하지 못할 것이다.

그러면 문제의 수가 왜, 어떻게 늘어나고 있는지부터 살펴보자. 크게 두 가지 이유가 있을 수 있다. 먼저 그 하나는 문제의 생성을 막아왔던 압제 기제가 더 이상 작동하지 않게 되었기 때문이다. 이를테면 과거의 신분제 사회에서나 권위주의 사회에서는 사회 구성원들의 요구 기대 불만 등이 억제되었다. 신분과 계급과 같은 계층적 구조나 이를 정당화하는 신념체계 등이 압제 기제로 작용했기 때문이다. 문제라는 것 자체가 사회 구성원들의 요구 기대 불만 등으로 만들어지는 것, 자연히 문제의 수도 억제될 수밖에 없었다.

일례로 빈곤문제만 해도 그렇다. 지배계급이 만들어 놓은 신념체계 아래 가난은 하늘이나 신이 개인에게 내린 벌로 인식되거나, 개인적인 능력 부족이나 나태함의 결과로 인식되었다. 국가나 사회가 나설 문제가 아니라, 개인이 감당해야 할 문제로 받아들여졌다는 말이다.

그러나 민권이 성장하면서 사정은 달라졌다. 사회 구성원들이 정치·경제·사회적 요구를 분출하기 시작했고, 이러한 요구는 곧바로 누가 풀어도 풀어야 할 문제 또는 과제가 되었다. 앞서 말한 빈곤문제만 해도 내가 못나 겪는 게 아니라, 세상이 잘못되어 겪는 일이 되었다. 국가나 사회가 나서지 않으면 안 되는 문제가 된 것이다.

또 하나, 압제 기제 약화에 이어 사회경제적 상호작용의 증가도 큰 영향을 미쳤다. 거래행위만 해도 그렇다. 하루에 한 번 거래할 때와 하루에 열 번 거래할 때는 다르다. 거래가 잦으면 잦을수록 고쳐야 할 일과 바로잡아야 할 일, 그리고 새롭게 만들거나 새롭게 시작해야 할 일도 늘어난다. 이게 다 풀어야 할 문제들이다.

당연한 이야기이지만 농경사회와 같은 단순사회에서는 이러한 상호작용이 그리 빈번하지 않았다. 그러나 상공업과 산업이 발달하고, 교통과 통신이 발달하면서 상황은 완전히 달라졌다. 새로운 형태의 상호작용이 늘어나면서 문제의 수도 폭발적으로 늘어나게 되었다.

정보통신이 발달한 지금의 상황은 더 말할 필요도 없다. 면대면 관계를 바탕으로 한 상호작용은 이미 지난 시대의 이야기이다. 이제는 거래도, 약속도, 계약도, 정보통신망을 타고 이루어진다. 시간적 제약도 없고, 지리적 범위에 한계도 없다. 바로 이 순간에도, 서로 연결되어 있지 않은 다양한 참여자들을 끌어들이는 플랫폼과, 임의성과 일시성을 특징으로 다양한 형태의 '플래쉬 몹 flash mob' 등 과거에는 상상도 할 수 없었던 상호작용들이 무한대에 가깝게 일어나고 있다. SNS를 통한 일상적 소통은 더 말할 필요도 없고.

이러한 변화가 얼마나 많은 문제를 우리 앞에 가져오게 될까? 누구도 정확하게 이야기할 수는 없다. 그러나 그 수는 상상하기도 힘든 수준이 될 것이다. 그중 상당수는 지금껏 경험해 보지 못한 새로운 영역의 새로운 문제가 될 것이다.

문제 소화(消化) 능력

국회는 상명하복의 규율에 의거 일사불란하게 움직이는 기구가 아니다. 그 구성원인 의원 한 사람 한 사람이 헌법기관으로 나름의 이해관계와 신념을 대표한다. 여기에 다시 정치적 이념과 지향점을 달리하는 정당들이 움직인다. 어느 한쪽이 일방적으로 몰아가는 것이 용납되지 않는 기구이다.

당연히 심의건 의결이건 그 과정이 길고 혼란스러울 수밖에 없다. 대화와 협상 그리고 타협이 기본이고, 그러다가 대립하고 갈등하고 싸우는 일도 일어난다. 우리만 그런가?

그렇지 않다. 정도의 차이가 있을 뿐, 의회라는 기구 그 자체가 그렇게 되게 되어 있다. 다양한 사람과 집단의 이해관계가 얽히고설킨 세상인데, 이를 대표하는 의회가 어떻게 늘 생산적이고 효율적일 수 있겠나.

흔히 '선진'의 예로 들고 있는 미국만 해도 그렇다. 의회 안팎의 정치적 갈등과 대립은 오히려 일상이 되어 왔다. 1804년 있었던 연방당Federalist Party의 최고 지도자 해밀턴Alexander Hamilton과 민주—공화당Democratic-Republican Party 소속의 현직 부통령 버Aaron Burr의 권총 결투는 그 대표적인 예이다. 정치적 이해관계로 계속 부딪치던 두 사람의 갈등은 결국 허드슨 강가에서의 권총 결투와, 버의 총에 맞은 해밀턴의 사망으로 끝을 맺었다. 죽인 사람이나 죽은 사람 모두 미국 대통령이 될 것으로 기대되던 지도자였다.

이것뿐이겠는가. 영국 등 유럽에서 들어오는 공산품에 대한 관세부과 여부를 놓고 일어난 의회 내의 갈등은 남부 주州들의 연방분리 운동으로 번졌고, 결국 '노예해방' 문제와 함께 60만 명 이상이 사망한 남북전쟁으로 이어졌다. 학교 흑백분리 등의 인종차별 문제도 마찬가지, 서로 다투며 질질 끌다가 대법원의 위헌판결에 의해서야 종결되었다. 트

럼프 대통령 탄핵을 두고 여야 등 정치세력 간의 극단적 대립이 있었던 것도 바로 어제의 일이다.

자, 다시 물어보자. 이런 의회가 앞서 언급한 문제의 대량화를 감당할 수 있을까? 대화 타협 협상에 걸리는 시간도 만만치 않지만, 이것은 또 그렇다 치자. 하지만 대립하고 갈등하고 싸우며 날리는 시간은 어떡하나. 한마디로 감당하기 어렵다. 우리 국회도 예외가 아님은 물론이다.

물론 의회라 하여 그냥 있었던 것은 아니다. 오랜 기간에 걸쳐 늘어나는 문제에 대응해 왔다. 가장 대표적인 일이 회의 일수를 늘리는 것이었다. 초기 의회의 경우 대체로 추수가 끝날 때쯤 모여 크리스마스 전에 흩어졌다. 심의하고 의결해야 할 문제가 그리 많지 않았기 때문이다. 그러다 산업화가 진행되고, 다뤄야 할 문제가 늘어나자 임시회기를 활용하기 시작했다. 그러던 것이 오늘에 와서는 많은 국가가 일 년 내내 돌아가는 사실상의 상시의회를 열고 있다.

또 하나, 결정권을 분산시켰다. 초기 의회는 대체로 본회의 중심으로 운영되었다. 그러나 이러한 체제로는 늘어나는 문제를 감당할 수 없었다. 그래서 전문성도 강화할 겸, 상임위원회를 두고, 사실상의 결정권을 각 상임위원회로 넘기게 되었다. 상임위원회를 통과하면 큰 문제가 없는 한 본회의를 통과하는 관행을 만든 것이다. 우리 국회 역시 그렇게 하고 있다.

사정은 크게 나아졌다. 본회의 중심체제가 1건을 다룰 시간에, 상임위원회 중심체제는 상임위원회 수만큼을 다루어 내었다. 그러나 이것 가지고 되겠는가. 문제의 수는 감당이 안 될 정도로 늘어나고 있는데…. 결국 적지 않은 국가들이 이제는 소위원회 중심체제로까지 전환하고 있다. 소위원회를 통과하면, 상임위원회를 별문제 없이 통과하고, 상임위원회를 통과하면 본회의를 그냥 통과하는 식이다.

그러나 이런다고 이 대량화의 문제를 감당할 수 있겠나. 심지어 소위원회를 넘어 소소위원회를 활용하기도 한다. 그렇게 해도 심의와 의결을 기다리는 문제는 수천, 수만 건씩 쌓여간다. 우리 국회만 해도 그렇다. 21대 국회 첫 한 해만 해도 2020. 7. - 2021. 6 접수된 법률안이 1만여 건, 이 중 처리된 것이 2천 건 정도, 나머지 8천여 건이 미처리 상태에 있다.

소화 능력이 떨어지는 사람이 너무 많이 먹으면 문제가 생긴다. 피곤과 두통도 따르게 되고, 몸에 이것저것 돋기도 한다. 그러면서 소화 능력은 더 떨어지게 된다. 대화와 타협 그리고 협상이 중시되는 기구, 그런 가운데 대립과 갈등 그리고 싸움이 일상화되다시피 한 기구, 이런 국회가 어떻게 문제를 소화하는 능력이 클 수 있겠나. 늘 과식에, 늘 체증滯症의 상태에 있다. 국가운영에 큰 구멍이 생긴 것이다.

'과식'과 '체증(滯症)'

장사하는 사람도 매일같이 쏟아져 들어오는 주문을 감당하다 보면 큰 구상을 하지 못한다. 사회 변화를 제대로 읽지도 못하고 새로운 품목과 새로운 경영기법에 관한 고민도 할 수 없다. 소비자의 기호부터 생산기술에 이르기까지 모든 것이 하루가 다르게 변하는 세상, 아차 하는 순간에 모든 것을 잃을 수도 있다.

국회도 마찬가지이다. 문제의 대량화에 허겁지겁하다 보면 세상을 읽고 새로운 미래를 고민하는 일에서 멀어진다. 바로 이 순간 크게 들리고 크게 눈에 들어오는 것을 처리하는 데 급급하기 때문이다. 그런 가운데, 아직 소리도 작고 잘 보이지도 않지만 지금 다루지 않으면 안 되는 문제들이 의사결정의 장에 올라와 보지도 못하고 사라진다. 소위 '무의사결정non-decision making,' 정책을 다루는 사람들이 가장 경계해야 하는 문제가 발생하는 것이다.

상임위원회와 소위원회의 역할 강화도 보다 많은 문제를 처리하는 데에는 도움이 되지만, 결정의 합리성과 책임성 확보라는 차원에서는 적지 않은 문제가 발생한다. 우선 의원들이 자신이 속한 상임위원회 외의 안건은 잘 알지도 못한 채 본회의 표결에 나선다. 그리고 소속정당 원내대표 등의 지휘에 따라 통과시킨다. 이게 과연 정당하기만 한 것일까? 국민이 위임한 권한이 과연 그런 것일까?

상임위원회와 소위원회중심 체제가 낳는 의원과 이해관계자와의 불합리한 관계는 더욱 큰 문제가 된다. 쉽게 이야기하자. 국회의원 전원이 결정권을 가진 경우, 이해관계자는 그 결정에 영향을 미치기 힘이 든다. 의원 정수 반 이상을 확보해야 하기 때문이다. 그러나 상임위원회나 소위원회가 결정권을 행사하게 되면 이야기가 확 달라진다. 소위원회의 경우 불과 2~3명, 상임위원회의 경우도 많아야 10명 안팎만 확보하면 국회 전체의 결정을 얻어낼 수 있기 때문이다. 웬만한 능력의 이해관계자라면 이를 놓칠 리 없다.

미국의회의 경우 바로 이러한 구조가 소위 '철의 삼각형 iron triangle'을 만들어 낸다. 즉 의원과 이익집단 그리고 관료가 공고한 호혜적 네트워크를 형성하는 것이다. 수없이 많은 '철의 삼각형'이 존재하는 가운데, 미국의회 전체가 이해관계자들에 의해 포획되었다는 우려가 나오고 있다. 특히 국민의 눈에 잘 띄지 않는 정책영역, 이를테면 국민적 관심이 적은 규제라든가, 보조금 등 특정 권한이나 가치를 개별 주체들에게 배분하는 일 등과 관련해서는 더욱 그렇다.

우리의 경우 아직 미국과 같은 정도는 아니다. 이해관계자들의 정치경제적 역량이 미국의 경우와 다른 데다, 결정의 중심도 아직 소위원회가 아닌 상임위원회 정도에 멈추고 있다. 그러나 시장권력의 영향력은 나날이 커지고 있고, 문제의 대량화도 그 속도를 더하고 있다. 문제가 없을 것이라 장담할 수가 없다. 실제로 주요 기업들은 이미 잘 짜인 대관對官팀을 운영하는 등 개별 의원들을 향한 '로비'를 강화하고 있다.

앞서 결정의 질을 규정하는 두 개의 축으로 합리성과 시의성을 이야기했는데, 이와 같은 '무의사 결정'이나 '철의 삼각형' 같은 현상이 그 한 축인 합리성을 얼마나 해치겠나.

생각해 보라. 다루어야 하는 문제가 다루어지지 않는가 하면, 그나마 다루어지는 문제도 특정 이해관계자의 입장을 대거 반영하는 등 비합리와 불합리가 판을 칠 수 있다. 문제의 대량화를 감당하기 힘든 구조적 모순을 지닌 의회가, 이를 감당해 보겠다고 노력하는 과정에서 생기는 일이다.

모순과 한계 II : 문제의 복잡화

얽히고설킨 이해관계

사회구조가 단순할 때는 문제의 구조도 단순하다. 문제와 문제가 복잡하게 얽혀 있지 않다는 뜻이다. 따라서 그 해결 또한 비교적 간단하다. 그 문제에만 집중하면 되고, 이해관계자 또한, 그 문제와 직접적인 관련이 있는 사람이나 집단만 챙기면 된다.

일례로 조선시대에 있었던 일로 이해관계가 첨예하게 대립하는 바람에 시행되는 데 무려 100년이 걸렸다는 대동법大同法의 경우를 보자.

대동법 이전, 백성들은 지방의 특산품을 조정朝廷에 공

물貢物로 바쳐야 했다. 토지의 소유 유무나 정도에 관계없이 바쳐야 하는 일종의 인두세였다. 그런데 때로 그 지방에서 더 이상 나지 않는 것을 바치라 하는가 하면, 날씨 문제 등으로 생산이 잘 안 된 해에도 바치라 했다. 또 힘들게 구해가면 고을의 하급관리들이 합격이다 불합격이다 하면서 애를 먹였다. 이래저래 백성들은 고을 관리들과 잘 통하는 방납인防納人에게 공물을 구해서 납품해 주기를 요청하곤 했는데, 이것이 또 사람을 죽이는 일이었다. 부패 고리에 연결된 방납인이 실제 공물가격의 몇 배가 되는 돈이나 물품을 요구했기 때문이다.

대동법의 핵심 내용은 두 가지였다. 우선 부과대상을 사람이 아닌 토지로 하였다. 인두세적인 성격이 없어지면서 토지가 없는 백성은 공납의 의무가 없어졌다. 반대로 토지를 가진 사람은 그 부담이 커졌다. 또 하나, 지역특산물이 아닌 쌀, 포布, 화폐로 낼 수 있게 하였다.

토지를 가진 양반과 지주의 반대가 심한 것은 당연한 일, 그래서 선조 때의 일시 시행에서부터 광해군 때의 경기 지역 실시를 거쳐, 숙종 때 비교적 온전하게 실시될 때까지 100년이 걸렸다는 것이다.

그러나 당시 이렇게 큰 이해관계가 걸려 있다는 사안도 오늘날 우리 앞에 놓인 문제와 비교하면 그리 복잡한 사안이 아니다. 우선 문제 자체가 비교적 독립적이었다. 다른 문제들과 심하게 얽혀 있지 않았다는 말이다. 이해관계자 또한 지주와 방납인, 그리고 그와 연결된 고을의 관리 정도였다. 흔히 조정의 대소 신료들이 모두 반대했다고 알려지기도 했지만, 사실은 그렇지도 않았다. 광해군 때도 그 시행을 건의한 쪽은 영의정이었던 이원익 등의 대신들이었다.

오늘의 문제는 다르다. 우선 독립적으로 존재하는 문제가 많지 않다. 문제 대부분이 다른 문제와 밀접하게 관련되어 있다. 일례로 환경규제를 강화하면 기업의 부담이 늘어나고, 이는 곧 기업의 투자 감소와 일자리 축소로 이어진다. 이것은 다시 실업문제로 연결되고, 사회불안과 복지비 지출 등의 문제로 이어진다. 그렇다고 하지 않을 수도 없다. 이 문제에 강한 신념을 가진 다수의 국민이 존재하는 데다, 국제사회로부터의 압박도 크기 때문이다.

또 하나의 예가 되겠지만, 교육평준화를 위해 특목고를 없애면 학생과 학부모가 강남으로 몰려 강남 집값이 올라가고, 이를 잡겠다고 재개발을 촉진하면 높아지는 혼잡도로 도시의 생명력이 저하된다. 이것은 다시 도시의 경쟁력을 떨어뜨려, 글로벌 기업 유치 등에까지 영향을 준다. 무엇하나 그리 쉽게 건드릴 수 있는 것이 없다는 말이다.

이해관계 구도 또한 복잡하다. 누구 한 사람, 자신의 이익이 침해되는 것을 그냥 넘기지 않는다. 노동자들은 노동자대로, 기업인은 기업인대로, 심지어 공무원은 공무원대로, 시민단체는 시민단체대로, 각기 자신들의 이해와 신념을 챙기기 위해 나선다. 택시산업 규제를 완화하면 기존 택시업자와 기사들이 들고일어나고, 산업구조를 조정하고자 하면 고용문제를 걱정하는 노조가 들고일어난다. 교육개혁을 하자고 하면 교수와 교사가 반대하고… 조선의 양반 지주들의 저항 정도와는 비교가 되지 않을 정도의 강하고 조직적인 저항들이다.

결정회피와 포획되기

문제의 구조가 이렇게 복잡해지게 되면 많은 경우 의사결정 주체는 딜레마 상황에 놓이게 된다. 즉 이 문제를 해결하면 저 문제가 터지거나 악화될 것 같고, 이쪽에 도움이 되는 결정을 하면 저쪽이 들고일어날 것 같은 상황에 놓이게 되는 것이다. 그 결과 국회와 그 구성원인 국회의원들은 결정을 미루거나 회피하는 경향을 보이게 된다. 어느 쪽으로 결정을 해도 정치적 타격을 입을 수 있기 때문이다.

표를 강하게 의식할수록 이러한 경향은 더욱 강해지는데, 이로 인해 수많은 문제가 또 한 번 '무의사결정non-decision making'되는 일이 일어난다. 이를테면 증세 없이 재정지출을 늘리는 것이 무리라는 사실을 잘 알면서도, 복지지출 등 재정지출을 늘리면서도 증세에 관한 이야기는 하지 않는다. 납세대상자 모두가 조금씩이라도 소득세를 내는 국민개세주의國民皆稅主義 같은 안은 그야말로 금기 수준에 이른다. 국회의원과 국회의 자기 생존을 위한 선택이 국가의 미래를 위태롭게 하는 것이다.

대통령 역시 이러한 경향이 없지 않다. 하지만 국회의원만큼 강하지는 않다. 5년 단임의 임기인데다 국정에 대한 책임을 개인, 즉 혼자 져야 하기 때문이다. 또 지금 당장의 평가가 아닌 먼 훗날의 평가까지를 생각해야 하기 때문이다.

그러나 국회의원은 다르다. 대체로 개인, 즉 자신이 책임을 지는 것이 아니라 정당 차원의, 아니면 국회 차원의 집합

적 책임을 진다. 또 역사적 평가까지를 생각해야 할 이유도
적다. 당연히 딜레마 상황에 놓이게 되면 상대적으로 쉽게
결정을 회피하거나 미룬다. 이를테면 논쟁이 심한 개혁과제
등은 행정부가 제안해야 반응을 한다. 그것이 개인적으로
합리적이기 때문이다. 그러나 국회의원 개인 차원의 이러한
'합리'는 국가나 사회 전체에 있어서는 비합리가 된다.

　아울러 국회의원은 여러 가지 이해관계에 쉽게 '포획'이
된다. 우선 지역구의 이해관계를 벗어날 수가 없다. 이해되
고도 남을 일이다. 그러나 문제는 이로 인해 또 한 번 딜레
마 상황에 놓이게 되는 경우가 많다는 점이다. 이쪽 지역
의원들의 안案도, 저쪽 지역 의원들의 안案도 채택하지 못
한 채, 결정을 회피하거나 연기하는 상황이 계속되는 것이
다. 부산신공항 문제가 그 대표적인 예라 하겠다.

　또 하나, 국회의원은 목소리가 크거나 로비역량이 큰 이
해관계자에게 포획될 가능성도 크다. 앞서 말한 대로 이들
이해관계자의 대국회 활동이 하루가 다르게 강화되고 있기
때문이다. 특히 유권자나 대중의 눈에 잘 띄지 않는 영역에
있어 더욱 그러한데, 이 부분은 바로 앞의 '대량화' 부분에
서 설명하였다.

모순과 한계 III : 전문성과 신속성

전문성의 요구

우리가 풀어야 할 문제는 그 해결에 있어 점점 더 높은 전문성을 요구하고 있다. 우주항공에 관한 문제, 에너지 문제, 통화량이 어쩌고, 인플레이션이 어쩌고…, 블록체인 기술을 도입하느냐 마느냐…. 일반적인 교양과 상식만으로 이해할 수 있는 문제가 산더미처럼 쌓이고 있다.

개인적 경험을 하나 이야기하자. 노무현정부 시절, 10개의 신성장동력 사업을 정보통신부와 산업자원부 그리고 과학기술부에 배분해야 하는 일이 있었다. 과학기술을 잘 아는 대통령의 고위 참모가 이 일을 처리하고 있었는데, 부처

간의 이해관계가 워낙 강하게 부딪쳐 1년 가까이 결정을 하지 못하고 있었다. 부처 간의 갈등이 일어나면 어떻게 되느냐? 부처 공무원들 간의 밀고 당기는 일 정도로 그치지 않는다. 이들 부처와 관련된, 소위 고객집단들까지 모두 동원이 되어 그야말로 '거국적' 싸움이 된다.

심지어 이들 세 부部의 장관들이 대통령 앞에서까지 언쟁을 하는 상황, 참다못한 대통령이 당시 정부혁신지방분권위원장인 나에게 지시했다.

"다시는 이런 분쟁이 생기지 않도록 과학기술행정체계를 정비하라. 아울러 이번 사업 10개를 그 새로운 체제를 전제로 배분해 주라."

수십 년 행정조직을 공부하고 업무를 배분하는 원칙 등을 강의해 온 사람이었다. 하지만, 파고들면 들수록 무력감에 빠졌다. 차세대 배터리가 무엇인지, 홈오토메이션의 게이트웨이가 무엇이며, 이것이 왜 그리 큰 문제가 되는지 등 도대체 감을 잡을 수가 없었다. 기술의 내용을 모르니 새로운 행정조직에 대한 그림도 그릴 수가 없었다. 그때만큼 무력감을 느꼈던 적이 또 있었을까.

도리 있나. 죽기 살기로 공부하며 다양한 전문가들의 도움을 받았다. 그리고 결론을 냈다. 그러나 그 뒤, 스스로 행정에 대해, 또 행정조직에 대해서 안다는 이야기를 감히 할 수가 없었다. 내가 가졌던 지식과 정보가 다 무너져 버린 느낌이었다. 과학기술이건 금융이건, 아니면 정보통신이건 각 분야에 대한 전문적 식견 없이는 한 발자국도 움직이기 힘든 세상, 그런 세상이 되어 버린 것이다.

신속성의 요구

임진왜란이 일어났을 때 일본군이 부산진에 상륙한 것은 1592년 4월 13일, 한양에 도달한 것은 같은 해 5월 2일이었다. 일본의 침략이 한양 조정에 확실히 전해진 것은 4월 18일, 그러니까 일본이 빠르게 진격해 왔다고 해도, 조정朝廷은 약 2주일 정도 무엇을 어떻게 할 것인지 결정할 시간이 있었다.

그러나 오늘에 있어 이러한 시간은 허용되지 않는다. 미사일이 탐지되는 순간 요격 여부를 결정해야 하고, 보복할 것인지 말 것인지를 순간적으로 결정해야 한다. 그렇지 않으면 곧바로 치명타를 맞을 수 있다.

군사영역에 있어서만 그런 게 아니다. 우리가 당면하고 있는 숱하게 많은 문제가 그렇다. 분쟁이 일어날 가능성이 큰 중동지역에서 석유 에너지를 확보하는 문제, '코로나-19'와 같이 전염병에 대응하는 문제, 세계경기의 급속한 변동에 대비하는 문제, 앞서가는 기술의 지적 재산권을 확보하는 문제 등 많은 영역에서 과거와는 상대가 되지 않을 정도의 신속한 결정을 내려야 한다.

이유는 분명하다. 사람도 정보도 빨리 움직이기 때문이다. 또 이에 대한 반응의 속도 또한 빠르기 때문이다. 이를테면 테슬라Tesla의 회장 머스크Elon Musk의 말 한마디에 비트코인 가격이 올랐다 내렸다 한다. 살 것인지 팔 것인지 신속하게 결정하지 않으면 기회를 놓치거나 손해를 본다. 국가의 결정도 마찬가지, 신속성이 떨어지면 그에 상응하는 손실이 발생한다. '코로나-19' 백신을 확보하는 데 있어 어려움을 겪은 것은 그 좋은 예이다. 몰라서 그랬건, 알고도 그랬건, 신속한 결정을 하지 못했고, 그 피해는 국민이 입고 있다.

신속성만 확보해서 되는 문제는 물론 아니다. 합리성이 떨어진 결정은 또 다른 화근이 된다. 그러나 제아무리 좋은 내용의 결정이라 해도, 신속성을 놓치고, 그래서 시의성이 떨어지게 되면 그 자체가 비합리적인 결정이 된다. 지금 우리 앞에 놓인, 또 앞으로 놓일 수많은 문제가 그렇다.

넘을 수 없는 벽

우선 신속성은 우리 국회를 포함한 의회 일반의 영원한 숙제이자 넘을 수 없는 벽이다. 어떤 경우에도 이 문제는 풀 수가 없다. 유일한 방법은 의회를 군대조직처럼 일사불란하게 운영하는 것인데, 그렇게 되면 그것은 이미 의회가 아니다.

회의와 논의에 있어 천하에 없는 정보통신기술을 도입하고, 전산화와 자동화를 제아무리 해도 의회는 이 신속성을 확보할 수 없다. 어떠한 노력도 그 나름의 한계를 지닐 수밖에 없기 때문이다. 이를테면 결정권을 소위원회와 소소위원회로 넘기면 보다 많은 안건을 보다 빠르게 처리할 수 있다. 그러나 그래 봐야 회의에 또 회의, 시간이 걸릴 수밖에 없다. 게다가 앞서 말한 것처럼 결정권을 소수의 의원에게 사실상 위임하는 이러한 구도는 이해관계자에 의한 의회의 포획 가능성을 키운다. 또 다른 모순이 도사리고 있다는 뜻이다.

전문성 또한 쉽게 풀 수 없다. 보좌관을 늘리고 국회입법조사처와 국회예산정책처와 같은 보좌기구를 늘리고 강화해도 문제는 없어지지 않는다. 이들 보좌기구나 보좌 인력들이 의원이 아니기 때문이다. 전문성이 강하게 요구되면 될수록, 의원이 아닌 이들 전문인력이 의사결정을 주도하게 되는데, 이는 의회주의의 기본철학을 벗어나는 일이다.

미국을 비롯한 많은 국가에서 의회는 스스로 그 권한을 행정부 또는 내각으로 위임해 왔다. 바로 이 문제, 즉 신속성과 전문성을 확보하기 어렵기 때문이다. 미국의 경우가 그 좋은 예가 되겠는데, 건국 당시 대통령은 의회의 의지를 수행하는 집행자 정도로 규정되었다. 행정부가 쓸 사무용품 하나하나까지 의회가 정해서 주는 정도였다. 그러던 것이 예산편성권을 비롯한 수없이 많은 권한들이 대통령에게 '위임'이라는 형식으로 옮겨졌다. 의회라는 기구 자체가 가지는 한계 때문이었다.

5-5

그나마 더 잘못된 국회의 선택

다른 나라 의회는?

"의회는 박물관에 지나지 않는다. 과거의 유물일 뿐이다."

앞서 소개한 영국 하원의원의 40여 년 전 독백을 다시한 번 되새긴다. 오늘과 같이 변화가 심한 사회, 복잡한 구조를 가진 문제가 대량으로 발생하고, 그 해결에 있어 전문성과 신속성을 요구하는 사회, 이런 사회에서 의회는 더 이상 효과적으로 작동하기 어렵다. 우리 국회라 하여 다를 게없다.

질문이 있을 수 있다.

"미국과 영국 등 다른 나라의 경우는 그래도 잘 작동하고 있지 않느냐?"

두 가지를 이야기하자.

첫째, 그렇지 않다. 이들 국가의 의회도 나름 많은 문제를 안고 있다. 무엇을 보면 아느냐? 미국과 유럽 대부분의 국가에 있어 정치신뢰가 지속적으로 하락하고 있다. 또 하나, 국가부채가 계속 늘고 있다. OECD 국가들의 경우, 2007년 국내총생산 대비 70% 조금 넘던 것이 '코로나-19'가 오기 전인 2018년에 이미 110%가 되었다. 잘하고 있지 않다는 이야기이자, 국가운영에 무엇인가 문제가 있다는 이야기이다. 떨어지는 신뢰와 높아가는 불만을 돈으로 메우고 있는 형상이다.

둘째, 그래도 이들 국가의 의회가 우리의 국회보다 잘 하고 있는 것은 맞다. 그 이유는 이들 국가의 의회가 입법권을 '독식'하지도 '과식'하지도 않기 때문이다. 의회가 다루지 않으면 안 되는 문제에 집중한다는 이야기이다. 그렇지 않은 문제들은 횡橫으로, 종縱으로 나누어 처리하는 시스템이다.

우선 횡적橫的 배분의 예로 유럽 국가들이 흔히 활용하

는 노사정위원회를 들 수 있다. 노동자와 사용자 등 이해당사자들이 합의하는 것이 중요한 일은 이 기구에 사실상 전권을 맡기는 것이다. 일종의 조합주의적 방식인데, 이 기구의 결정은 곧 국가의 결정이 된다. 의회는 그 결정에 법적 권위를 부여하는 정도의 역할을 한다. 독일 슈뢰드Gerhard Schroder 전 총리의 노동개혁을 이끈 '하르츠위원회Hartz Committee'는 그 대표적인 예이다.

미국과 같은 나라는 흔히 '제4부the fourth branch of government'로 불리는 독립규제위원회Independent Regulatory Commissions 같은 기구들을 활용한다. 이들 위원회는 무역 통신 항공 해양 노동 핵nuclear 등의 영역에서의 활동을 규제하는데, '준quasi입법권'과 '준quasi사법권'을 가지고 있다.

더욱 중요한 것은 입법권의 종적縱的 분산, 즉 분권적 체제의 운영이다. 이들 국가들은 연방제가 확립되어 있거나 지방자치제도가 잘 정착되어 있다. 따라서 입법권은 의회와 주州의회 그리고 지방의회에 분산되어 있다. 자연히 의회의 입법권은 중요한 국가적 의제를 향하게 된다.

우리 국회는?

이에 비해 우리의 국회는 모든 입법권을 거의 독점하다시피 하고 있다. 노사정위원회와 같은 경우도 그 결정을 다시 국회의 테이블에 올려놓고 긴 논의를 한다. 노사정위원회의 결정을 사실상 무력화시켜 버리는 것이다. 종적縱的인 부분도 마찬가지, 지방자치를 한다고 하지만 제대로 된 지방자치를 해 본 적이 없다. 지방의회의 입법권은 그야말로 있으나 마나 한 수준, 모든 입법권이 국회로 집중되어 있다.

그렇지 않아도 제대로 기능하지 못하는 국회가 소화하지도 못하는 권한을 모두 쥐고 있으니 국회 그 자체인들 온전할 수 있겠나. 온갖 비난과 비판, 그리고 냉소의 대상이 된다.

이러한 부정적 기류 속에 국회의원과 정당은 나름의 생존전략을 구사한다. 일을 해 보여줄 수 없으니, 다른 무엇이라도 하는 것이다. 대통령과 마찬가지로 대중영합적인 정책이나 행위에 매달리고, 패거리를 만들어 '세勢'를 과시하고, 상대를 욕하며 분열을 조장하고, 그러면서 그 생명을 이어간다. 정당의 명칭을 바꾸는 것도 아예 관행이 되어 버렸다. 찢어졌다가 합치면 바꾸고, 몇 사람 '영입'하며 바꾸고, 대표가 바뀌면 바꾸고, 바꿀 다른 무엇이 없으면 바꾼다.

그것도 부족하면 선거 때마다 '물갈이' 공천을 하느라 법석을 떤다. 새로운 인물을 영입해 분식粉飾, 즉 분칠을 해서 생얼굴을 숨긴다. 불과 4년 전 영입했던 인물이나 정당의 중심을 이루었던 인물을 잘라내는 '꼬리 자르기'를 하고, 잘려나간 이 꼬리를 화가 난 대중 앞에 제물祭物로 던진다. 이렇게 가리고 저렇게 속이고… 그렇게 수백 번을 해도 정치는 크게 나아지지 않는다. 오히려 점점 더 그 순기능을 잃어가고, 이를 개혁할 동력까지 죽이거나 왜곡한다.

조선의 당쟁과 세도정치 등이 역사적 생명을 다한 세습 왕조의 모순과 한계로 생겨난 일이었듯이, 우리가 보고 있는 이 난삽한 정치 역시 그 내재적 모순과 한계를 지닌 국회가 입법권을 과식하면서 생겨난 일이다. 또 더 나아가서는 시대적 소명을 다한 국가주의 체제의 필연적 결과물이기도 하다.

6

체제 내의 개혁
- : 언 발에 오줌 누기

작동하지 않는 국가주의 체제를 고쳐보자는 노력이 진행된다. 대통령 임기를 4년 연임으로 하는 것, 국무총리를 국회에서 선출하는 것 등이다. 아울러 이 기구들의 작동을 효율화시키기 위한 개혁도 진행된다. 행정조직을 개편하고 회의체를 정비하는 일 등이다.

영 의미 없는 일은 아니지만, 그렇다고 해서 근본적인 문제가 해결되지도 않는다. '언 발에 오줌 누기,' 국가주의 체제 내의 개혁은 기껏 해 봐야 그렇다.

체제 자체를 변화시키는 것 외에 다른 방법은 없다. 시장과 공동체, 그리고 국민 개개인이 앞서고, 이들이 못하는 일을 국가가 보충적으로 하는 '보충성의 원칙'에 입각한 자유주의 체제를 확립해야 한다.

6-1

개혁과 혁신의 시도

권력기반 강화, 그 한계

대통령과 국회, 즉 국가기구는 오늘날 우리 앞에 쌓이는 문제들을 감당하지 못한다. 이해관계와 신념이 복잡하게 얽힌 문제들이 대량으로 발생하면서 큰 바위가 되고 산이 되어 우리 앞을 막고 있는 데 비해, 이들은 이 문제들을 제대로 의제화하지도 못하고 있다. 결정도 느리고 많은 경우 비합리적이다.

온갖 비판과 비난이 있을 수밖에 없는 상황, 이들은 이를 비정상적인 방법으로 피해 나간다. '퍼포먼스'로 국민정서에 기대고, '돈 뿌리기'로 불만과 불안을 잠재우고, 진영논리를 동원한 싸움으로 무능을 가리고, 새 인물 영입과 당명 바꾸기 등의 분식粉飾으로 그 본래의 모습을 감추기도 하고….

그런 가운데 일부 진지한 논의와 노력이 진행되기도 한다. 그중 가장 손쉽게 이야기되는 것이 권력기반 강화이다. 이해관계자들과 여러 가지 변수들을 통제할 수 있는 기반을 단단히 해 문제처리능력을 키워보자는 것이다. 대통령 임기를 4년 연임제로 바꿔 대통령 권력의 토대를 강화해 주자는 제안이나, 인사청문회 강화나 국무총리 국회선출 등을 통해 국회의 권한을 강화해 주자는 제안 등이 다 그런 것이다.

하지만 그런다고 뭐가 달라질까. 효과가 전혀 없기야 하겠냐마는 그 한계는 불을 보듯 뻔하다. 그래 봐야 우리 앞에 놓인 문제들의 높은 벽을 넘지 못할 것이기 때문이다. 이를테면 산업구조조정의 경우, 5년짜리 대통령이 설득하지 못하던 자본과 노동을 4년 연임의 대통령이라고 해서 설득할 수 있겠나. 오히려 선거가 잦아지면서 선거 때마다 극성을 부리는 대중영합주의가 더 심해질지도 모른다. 하던 개혁 작업도 이해관계집단의 표를 의식해 선거만 앞두면 말아

넣는 게 관행 아니었던가? 그래서 5년 단임으로 한 것 아니었던가.

4년 연임이 아무 의미가 없다는 말은 아니다. 그나마 더 낫다고 생각한다. 하지만, 국가주의 체제를 그대로 둔 상태에서의 개편은 큰 의미가 없다. 헛된 기대를 불러일으키는, 또 하나의 큰 속임수가 될 가능성이 크다.

국무총리의 국회선출 등 국회의 권한을 강화하는 방안도 나름의 의미가 있다. 개헌하지 않은 상태에서, 또 개헌이 사실상 어려운 상태에서 권력구조 개편을 한다면 이보다 더 좋은 방안은 없다고 생각한다. 달리 그런 것이 아니다. 국회의 책임성을 높이기 위해서이다. 국회는 권한과 권력이 커진 데 비해 책임성은 여전히 낮다. 여당조차 국정운영에 대한 일차적 책임을 대통령에게 지우고 있기 때문이다.

책임성이 낮다 보니 고민의 수준도 낮아진다. 그렇지 않아도 낮을 수밖에 없는 구조에 더해 아예 노력조차 하지 않는다. 스스로 그렇게 할 이유가 없기 때문이다. 그나마 국무총리를 국회가 선출하게 되면 이를 주도한 정당의 책임성이 커질 가능성이 높다. 또 그런 만큼 정책적 노력도 커지게 된다. 국무총리 선출에 실패한 정당 역시 '그림자 내각

shadow cabinet'을 구성하는 등 국정에 대한 책임성을 높이는 모습을 보이게 될 것이다.

그러나 이 또한 국회라는 기구가 가진 한계를 벗어나게 만들지는 못한다. 대량화되는 문제들에 대응할 수 없고, 전문적이고 신속한 결정을 내릴 수 없는 구조가 바뀌지 않을 것이기 때문이다. 다만 한 가지, 책임성이 커지게 되면, 스스로 어떻게 하면 국정이 효율화될 수 있는지를 고민하게 될 것이고, 그 결과 스스로 권한을 줄이거나, 그 권한을 노사정위원회와 같은 횡축橫軸 기구들이나 지방의회와 같은 종축縱軸 기구들과 나누는 일을 생각하게 될 수는 있다.

내부개혁과 혁신, 그 한계

권력기반 강화에 이어 또 하나 시도되는 노력은 내부개혁과 혁신이다. 국회의 경우 각종의 보좌기구를 강화하는 일 등이 이에 해당할 것이고, 대통령의 경우도 행정조직을 개편한다거나 회의체계를 정비한다거나 하는 것 등이 이에 해당할 것이다.

그러나 이런 노력의 한계는 더욱 분명하다.

첫째, 권력기반 강화 노력과 마찬가지로 우리 앞에 놓인 문제들은 이런 정도의 노력으로 풀 수 있는 게 아니다. 앞서, 풀어야 할 큰 문제들 앞에 놓인 대통령의 형편을 태산 앞에 삽자루 하나 들고 있는 형상이라 하였는데, 이러한 개혁과 혁신이라고 해 봐야 '언 발에 오줌 누기,' 그 삽의 헐거워진 손잡이를 조금 조이는 정도이거나 작은 삽을 큰 삽으로 바꾸는 정도일 것이다.

둘째, 그나마도 이런 개혁과 혁신이 뜻대로 잘 이루어지지 않는다. 국가기구는 본질적으로 비교역 부문non-trade sector 즉, 사고 팔 수 없는 부문이다. 자동차나 세탁기는 마음에 들지 않으면 다른 회사 제품을 구입한다. 당연히 각 회사는 품질향상을 위해 살을 깎는 노력을 하게 된다. 시장에서 밀리는 순간 회사도 근로자도 미래를 잃어버릴 수 있기 때문이다.

그러나 국가기구는 다르다. 경찰이 마음에 들지 않는다고 싱가포르 경찰을 수입해 쓸 수 없고, 국회가 하는 일이 마음에 들지 않는다고 미국의회에 입법을 맡길 수는 없다. 결국은 경쟁이 없거나, 있어도 제한적이다. 그만큼 개혁과 혁신에 있어 소극적일 수밖에 없다. 밀어붙여 억지로 시행을 해도 마찬가지, 구성원의 열정이 이를 따라오지 못한다. 대통령이 바뀔 때마다 행정조직 개편을 하느니 어쩌느니 법석을 떨곤 하지만, 늘 그게 그것인 이유가 여기에 있다.

청와대 정책실장 시절, 대기업 CEO 출신의 장관에게 정부와 기업이 어떻게 다른지를 물었다. 그가 두 가지를 바로 이야기했다. 우선 그 하나, 기업에서는 미래를 생각하느라 과거를 생각할 시간이 없었는데, 정부에 오니 과거를 생각하느라 미래를 생각할 시간이 없다고 했다. 바로 이해되었다. 정부에서는 작은 일 하나하나 수시로 책임을 묻는다. 자체감사에서부터 감사원 감사를 거쳐 국정감사와 조사까지, 일 년 내내 과거에 한 일, 심지어 자신이 아닌 전임자가 한 일까지 들고 씨름을 해야 한다.

또 하나, 그가 말했다.

"기업에서는 아홉 가지 잘못하고도 하나 큰 것 잘하면 그것으로 상도 받고 승진도 하는데, 정부에서는 아홉 가지 큰일 하고도 작은 것 하나 잘못하면 목이 날아가더라."

이것도 완벽하게 이해되었다. 정부가 바로 그러한 조직이다.

이런 환경에서 제대로 된 개혁과 혁신이 일어나겠나. 그리고 이를 바탕으로 산업구조조정, 노동개혁, 금융개혁, 교육개혁…. 우리 앞에 놓인 이 태산 같은 문제들을 풀어나가겠나. 어떤가? 그나마 생명력을 가지고 뛰고 있는 우리 한 사람 한 사람의, 또 기업 하나하나의 발목을 오히려 잡을 것 같지 않나? 권한이 더 커지면 커질수록, 개혁이니 혁신이니 법석을 떨면 떨수록 말이다.

대안의 모색 : 체제전환

보충성의 원칙

우리 앞에 놓인 문제들을 푸는 유일한 방법은 대통령이
건 국회건 국가기구들이 상당 부분 이로부터 손을 떼는 것
이다. 하다못해 집안 일 하나도 그렇다. 능력이 안 되는 사
람이 망치 들고 칼 들고 설치면 될 일도 안 된다. 공연히 사
람만 다친다. 자신은 물론, 그 주변 사람, 더 나아가서는 나
라의 미래를 해친다.

체제전환, 즉 국가가 모든 것을 주도하는 국가주의 체제
를 접어야 한다. 제3장에서 설명한 '보충성의 원칙principle
of subsidiarity' 아래, 또 '경제질서는 개인과 기업의 경제상의

자유와 창의를 존중함을 기본으로 한다'는 헌법 제119조 제1항의 정신에 따라 국가는 시장과 공동체, 그리고 개인이 하지 못하는 일을 보충적으로 하는 선에 머물러야 한다.

이어 이야기를 하겠지만 '보충적'이라 하여 결코 작은 일이 아니다. 사회의 안정과 안정을 지키며, 시장이 공정한 정신에 의해 움직여지도록 하고, 경쟁에 참여할 수 없거나 패한 사람들에게 또 다른 기회를 제공하고 하는 일들이 어떻게 작을 수 있겠나. 그러나 기본은 보충성의 원칙에 입각한 자유주의, 이것이 기본이 되어야 한다. 이렇게 해서 시장과 공동체, 그리고 국민 한 사람 한 사람이 더 큰 역할을 할 수 있도록 해야 한다.

이것 말고는 방법이 없다. 그렇게 해서 더 이상 국가가 아래로부터 일어나는 역동성을, 그리고 창의와 혁신의 기운을 막지 못하게 해야 한다. 그리고 그동안 국가가 저질러 놓은 모순들을 시장과 공동체, 그리고 국민 한 사람 한 사람이 교정할 수 있게 해 주어야 한다.

누가 강성노조를 만들었나?

하나의 예로 많은 사람이 걱정하고 우려하는 대기업 강성노조의 문제를 보자. 누가 이렇게 만들었나. 대기업 노동자 자신들이 아니다. 주범은 국가이고 정부이다. 노동자들은 국가, 즉 정부가 범죄 아닌 범죄를 저지르는 사이에 자기이익을 극대화할 수 있는 전략을 선택했을 뿐이다. 너도나도, 그런 기회가 오면 그렇게 했을 것이다.

노동조합은 극히 예외적인 경우를 제외하고는 극단적 투쟁을 하지 않는다. 아니 할 수가 없다. 극단적 투쟁으로 노동임금이 지나치게 올라가고, 그래서 생산된 제품의 시장가격이 올라가 경쟁력을 잃으면 회사가 문을 닫게 된다는 것을 잘 안다. 그렇게 되면 자신들도 직장을 잃는다. 일부 지도자가 자신만의 독특한 계산법으로 극단적인 투쟁을 선택한다고 해도 일반 노동자들이 이를 받아주지 않는다.

그런데 우리는 그렇게 두지 않았다. 이러한 노동시장의 논리를 무시하고 늘 기업을 살리는 쪽으로 움직였다. 공적자금을 넣고 또 넣고…. 기업가는 망해도 기업은 절대로 망하지 않는다는 '대마불사'의 논리를 노동자들에게 주입시켰다. 이런 상황에서 노동자들과 노동조합은 어떤 선택을 하겠나. 일반 노동자들조차 과격한 투쟁을 주도하지 못하는 노조 지도자를 탄핵하게 될 것이고, 노조 지도자들은 내부의 다른 지도자와의 경쟁논리에 의해 점점 더 강한 투쟁을 주도하게 된다.

대기업 노조의 이러한 강성은 숱한 문제를 만들고 있다. 이를테면 대기업과 중소기업 간의 임금 격차는 필연이다. 노조에 밀려 임금을 과대하게 올려 준 대기업은 그 부담을 완화하기 위해 협력회사의 납품단가를 깎고, 이에 협력회사는 그 아래 2차 밴드 협력회사의 납품단가를 깎고, 이들 회사는 다시 3차 밴드 협력업체의 단가를 깎고….

단가를 깎인 협력회사들은 결국 자신들이 고용하고 있는 노동자들의 임금을 올려주지 못하게 되고… 조직력이나 투쟁력이 약한 이들 회사의 노동자들도 이에 잘 대응하지 못한다. 이들은 자신들이 속한 중소기업에는 대마불사의 논리가 적용되지 않는다는 사실을 잘 알고 있다. 노동임금이 지나치게 오르고, 파업 등으로 제때 납품하지 못하게 되면 회사가 문을 닫고, 자신들도 직장을 잃는다는 것을 잘 알고 있다. 투쟁력 자체가 약할 수밖에 없다.

그 결과 노동시장의 가장 큰 원칙, '동일노동 동일임금

equal pay for equal work'의 원칙이 무너진다. 똑같은 일을 하면서 소속된 회사가 모기업이냐 협력회사냐, 1차 밴드냐 2차 밴드냐에 따라 차이가 난다. 노동시장에서 정의가 사라지고 공정이 사라지는 것이다.

또 있다. '무노동 무임금'의 원칙도 무너졌다. 일하지 않으면 임금을 주지 말라는 뜻만 있는 원칙이 아니다. 사용자가 가격경쟁이라는 시장市場의 압력을 받는 만큼 노동자도 수입 감소의 압박을 받아야 한다는 생각이 그 뒤에 있다. 그래야 타협의 가능성이 커질 것이라는 논리다. 그런데 이런 것이 다 깨어져 버리는 것이다.

결과는 우리가 보는 대로다. 강성투쟁은 거의 문화가 되어 버렸고, 노동시장 안의 임금 격차도 구조화되어 버렸다. 그리고 이러한 임금 격차는 새로운 시대에 필요한 지식노동자와 지식근로자 양성의 큰 걸림돌로 작용하고 있다. 역량이 커진 노동자들이 임금이 높은 상위계층 기업 등으로 이전할 것을 우려하는 중소기업들이 교육과 훈련에 열성을 보이지 않고 있는 탓이다.

누가 이 모든 모순을 만들었나. 국가가, 정부가 만들었다. 시장의 힘이 먼저 작용하도록 해야 할 곳에 정부가 먼저, 잘 들지도 않는 무딘 칼을 휘두른 결과이다. 스스로 강성을 부추겨 놓고는, 막상 강성투쟁이 있게 되면 공권력을 동원해 진압하느니 어쩌느니 한다. 그러다 반 인권적 사고가 나면 강성투쟁의 명분은 더욱 커지게 된다.

국가가 할 일은 공적자금을 계속 퍼붓는 일이 아니었다. 노동자들의 노동3권을 보장하여 이들의 협상력이 떨어지지 않도록 해 주는 것이었다. 또 기업 또한 협상력이 떨어지지 않도록 해 주는 것이었다. 이를테면 회계투명성이 높아질 수 있도록 불법 정치자금이나 로비자금 등이 오가는 것을 막고, '귀에 걸면 귀걸이, 코에 걸면 코걸이,' 기업을 자의적으로 처벌할 수 있는 법을 고치는 것 말이다. 그러면 여러 가지 파란을 겪기는 하겠지만 기업은 재정상황 등을 노동자들과 공유하고, 노동자들은 기업이 경쟁력을 잃지 않는 한계 내에서의 요구를 하게 되었을 것이다.

시장의 역동성을 생각한 한미 FTA

이번에는 반대로 국가가 뒤로 가고 시장이나 공동체가 앞으로 나오게 한 예를 하나 들어보자. 노무현정부 시절 추진된 한미 자유무역협정FTA 이야기이다. 국내 사안이 아니라 다른 나라와의 관계에 관한 일이지만, 개혁과 혁신이 어떤 힘에 의해 이루어지는 것이 옳은지를 보여주는 사례가 아닐까 한다.

흔히 자유무역협정 하면 교역 그 자체만을 생각하는 경향이 있다. 어느 쪽이 어떤 제품을 더 사고파는지, 그래서 어느 쪽이 좀 더 남는 장사를 하게 되는지 등이다. 당시의 한미 FTA도 그랬다. 세상의 관심이 다 그런 쪽에 있었고, 실무진의 관심도 그랬다. 그러나 대통령과 그 주변 정책참모들의 관심은 좀 달랐다. 교역 그 자체보다 더 중요한 문제가 있었다.

경제환경이 급격히 변하고 있던 때였다. 기술진보가 엄청나게 빠른 속도로 진행되고 있었고, 노동임금 또한 빠르게 상승하고 있었다. 게다가 중국 등 경쟁국의 기술수준도 크게 성장하고 있었다. 우리 산업의 경쟁력에 대한 고민이 없을 수 없었다. '이 산업구조로 미래를 기약할 수 있을까?' 아무리 봐도 아니었다. 미래를 기약하기 힘든 한계산업과 한계기업들이 하루가 다르게 늘어나고 있었다.

남이 간 길을 따라가기만 해도 좋은 시절, 정부는 이런 문제에 직접 손을 대었다. 어디로 가야 하는지 눈에 보였기 때문이다. 대출을 규제하고 보조금을 운용하며 죽일 기업 죽이고, 살릴 기업 살려 신산업 쪽으로 가도록 유도하고… 심지어 당신네는 이 사업, 당신네는 저 사업… 어떠어떠한 산업을 하라 지정해 주기까지 했다.

하지만 우리 경제가 더 이상 그런 수준이 아니었다. 스스로 맨 앞줄에 서서 누구도 가보지 않은 길을 가야 했다. 어떤 산업을 죽이고 어떤 산업을 살릴지 정부가 기업보다 더 잘 알 수 있겠나? 게다가 정부가 이리 가라 저리 가라한들 자본과 노동이 그렇게 순순히 움직이겠나? 은행을 이용해 압박을 가하면 돼? 그야말로 말도 안 되는 소리.

하지만 어떡해서든 기업들을, 그리고 자본과 노동을 자극해서 움직이도록 해야 했다. 달리 무엇을 할 수 있겠나. 개방, 문을 열어 시장의 압력이 이들을 자극하게 하는 수밖에 없었다. 과거와 달리 정부는 뒤로 가고, 시장을 앞에 세우는 일이었다.

소위 '메기론'이었다. 미꾸라지 사이에 메기 한 마리를 넣으면 약한 미꾸라지는 죽겠지만 강한 미꾸라지는 더 튼튼해진다. 우리 기업도 마찬가지 개방을 해서 죽을 수도 있지만, 오히려 더 강해질 수도 있다. '우리 기업들이 살 것인가, 죽을 것인가,' 대통령과 정책참모들의 관심은 이것 하나였다. 무역수지에 있어 얼마나 이익이 있고 손해가 있을지는 오히려 그 다음의 문제였다.

대통령은 같은 질문을 수십 번 했다. '괜찮겠나? 제대로 살아남겠나?' 같은 대답을 수십 번 했다. '이 방법 외에는 산업구조를 건실하게 할 방법이 없다. 예전처럼 정부가 칼을 들고 할 수는 없다. 시장市場의 압력을 불러오는 것이 최선이다. 한 가지만 생각하면 된다. 우리가 약한 미꾸라지인지, 강한 미꾸라지인지. 우리는 분명 강한 쪽이다.'

지금도 많은 사람이 한미 FTA의 효과를 무역수지라는 측면에서만 생각한다. 그러나 그 배경은 무역수지 그 이상이었다. 오히려 미국시장이라는 거대한 메기 한 마리를 불러와 우리의 산업과 경제를 자극하는 것, 그 자체가 더 큰 배경이었다. 국가주의적 접근이 아닌 시장적 접근을 통해서 말이다.

이와 같은 접근을 해야 할 일이 얼마나 많을까. 대통령이나 국회가 하는 일의 상당 부분이 그러할 것이다. 제3장後에서 소개한 발도르프 프로그램의 경우와 '배임죄' 사례도 그 대표적인 경우이다. 교육혁신을 국가가 독점할 이유가 없고, 기업 하는 사람을 교도소 담장 위를 걷는 기분이 들도록 만들 이유가 없지 않나. 학부모들이 바보가 아니고, 주주와 투자자 그리고 채권자들이 바보가 아닌데, 국가가 굳이 먼저 나서서 칼을 휘둘러 되겠나. 그 칼날에 우리 교육의 미래가 죽고 투자가 죽고 일자리가 죽고 있다.

노동개혁, 대학개혁, 금융개혁… 심지어 대기업과 협력회사 간의 임금 격차 등 숱한 과제들도 마찬가지이다. 국가가 칼을 쥐고 무엇을 하겠다니 일이 더 안 되는 것이다. 모기업 노동자와 협력회사 노동자 간의 임금 격차만 해도 정부가 무슨 수로 이를 완화할 수 있겠나. 자세히 이야기할 자리가 아니라 말을 줄이겠지만, 해결할 능력도 없는 국가가 무딘 칼을 들고 서 있는 바람에 그 격차는 오히려 더 커졌다고 할 수 있다. 일찍이 연대임금의 방식을 원용하는 등 양쪽의 노동자가 서로 협의할 수밖에 없는 구도를 만들어주었더라면 문제는 훨씬 덜 했을 것이다.

국가 R&D

하나만 더 이야기하자. 하지 않고 넘어가려 했으나 참기가 힘들다. 국가 R&D, 즉 연구개발 문제이다. 이 부문이 얼마나 중요한지는 길게 설명할 필요가 없다. 인공지능의 발달로 자동화가 갈 데까지 가고 있고, 그로 인해 제조업 생산기지가 소비시장이 가까운 쪽으로 옮겨가고 있다. 굳이 먼 곳에서 생산해서 물류비용에다 시간까지 써가며 소비시장으로 옮길 이유가 없기 때문이다. 이러다간 우리 제조업이 대거 미국이나 유럽으로 옮겨질 판이다. 뭘 팔아도 팔아야 하는 입장에서는 과학기술보다 더 중요한 게 있겠나.

다행히 역대 정부 모두 이에 상당한 신경을 써왔다. 그래서 한 해 예산이 20조 원을 크게 웃도는 수준이 되었다. 국내총생산 대비 비율로 이스라엘과 1, 2위를 다투는 상황이다. 그런데 문제는 연구개발 프로젝트의 성공률이다. 무려 90% 이상, 때로는 97%, 98%까지 간다. 크게 칭찬할 일이라고? 천만에, 그 성공의 의미가 무엇이겠나. 성공하기 쉬운, 아니면 성공이 보장된 연구가 많다는 이야기이다. 당연한 결과이겠지만 연구결과를 사업화하는 비율은 20% 정도, 비참한 수준이다.

미국과 영국은 성공률이 70% 안팎, 일본은 50% 정도이고 독일은 이보다 더 낮다. 이것도 성공의 기준을 연구목표 달성에만 두지 않고, 연구과정에서 중요한 무엇을 새롭게 발견한 데까지 확장해서 보는데도 그렇다. 그만큼 실패를 두려워하지 않는 혁신연구가 많다는 이야기이다. 사업화율 또한 50~70%, 우리와 비교가 되지 않을 만큼 높다.

왜 이런 일이 일어날까? 프로젝트의 기획과 선정에 있어 5년 단임 정부의 정치적 이해관계와 비교적 짧은 임기의 장관이 지니는 임기이기주의, 그리고 실패에 따른 책임을 두려워하는 공무원의 이해관계 등이 뒤섞여 그렇다.

최근 이 문제가 커지자 여러 가지 개선안이 나오고 있다. 앞서 말한 것처럼 무슨 개혁과 혁신을 해 보겠다는 것이다. 성공과 실패의 개념 자체를 없애자는 이야기도 있고, 실패해도 성실히 연구했다면 연구자에게 불이익을 주지 말자는 제안도 있다. 그러나 이렇게 한다고 해서 뭐가 달라질까? 어림도 없는 이야기이다. 어떤 경우에도 해당 공무원에게 책임을 묻는 것을 포함해 관료제가 가진 내재적 모순이 나타나게 되어 있고, 대통령이나 장관의 임기이기주의도 영향을 미치게 되어 있다.

　해결책은 하나밖에 없다. 기획과 선정을 포함한 모든 과정에서 공공 부문이 빠질 수 있는 만큼 뒤로 빠져야 한다. 대신 과학기술자를 포함한 민간 부문 인사들이 앞으로 나오게 해야 한다. 그 구체적 형태와 내용은 다양할 수 있다. 그러나 기본원칙은 정치적 이해관계와 관료적 이해관계를 덜어낼 수 있을 만큼 덜어내는 것이어야 한다. 작동하지 않는 국가기구들이 우리의 미래를 가로막는 일이 있어서는 안 되기 때문이다.

7

———

체제전환,
왜 자유주의인가?

왜 시장(市場)과 공동체가 앞서야 하는지에 대한 일반적 논의는 생략한다. 주변에 많이 쌓여 있기 때문이다. 대신, 새로운 국민과 새로운 소비자의 등장, 그로 인한 공공재와 공공서비스의 공동생산 내지는 프로슈밍 등이 가지는 의미를 짚어본다. CSR, CSV, 임팩트 사업… 등.

아울러 국가주의자들이 상정(想定)하는 것처럼, 이 나라의 국민이 권력으로 다스리고 교육하고 지도하고 규제하고 규율하고 등록하고 감독하고… 해야 할 존재인지, 아니면 자유권을 바탕으로 자율의 질서를 만들어갈 수 있는 존재인지를 물어본다.

'소속'이 아니라 '접속'이 중심이 되는 '연결된 개인'의 사회, 이 속에서 우리가 가야 할 방향이 어느 쪽인가도 생각해 본다. 'i의 시대'와 'i 노믹스'의 의미와 이를 천명하게 된 배경도 설명한다.

7-1

새로운 국민, 새로운 소비자의 등장

새로운 세상

개인적일 일이기는 하지만 시대변화를 이해하기 위한 일이라 생각되어 소개한다. 2020년 전자북 두 권을 출판했다. 한 권은 대학교재이고, 다른 한 권은 일반 교양서적이었다. 모두 종이책으로 출판되었던 책이지만 나름의 이유가 있어 전자북으로 제작했다.

우선 대학교재는 두 가지 이유에서 출판했다. 하나는 학생들의 부담을 덜어주기 위해서였다. 개정해서 내어놓을 경우 종이책 가격은 약 4만 원 정도로 학생들 보기가 민망할 것 같았다. 무상으로 공급한다는 생각을 가졌지만, 이런저런 사정으로 그렇게 하지 못하고 결국 종이책 가격의 10분의 1 정도에 내어놓았다.

또 하나의 이유는 누구나 참여해서 책 내용과 다른 주장을 하고, 또 스스로 경험한 사례도 소개하는 책, 말하자면 일종의 '위키wiki'를 만들고 싶어서였다. 종이책과 달리 지면의 한계가 없고, 다양한 형태로 의견이나 자료를 첨부할 수 있는 만큼, 정말 내 책이 아닌 모두의 책으로 만들어 갈 수 있다는 생각을 한 것이다.

그래서 많이 팔았느냐고? 아니다. 가격이 10분의 1인데도 책의 판매 부수는 종이책으로 출판했을 때보다 떨어졌다. 이유는? 글쎄다. '코로나-19'로 강의가 정상적으로 이루어지지 않은 탓도 있겠지만, 그보다 큰 이유는 교재를 채택할 권한을 가진 교수들이 아직 전자북 형식에 익숙하지 못한 탓이 아닐까 한다. 학교라는 곳이 그렇다. 변화에 그렇게 빨리 적응하는 곳이 아니다.

또 한 권, 즉 교양서적도 싼 가격에 내어놓았는데, 이 책은 내가 직접 제작했다. 전자북 제작 프로그램Sigil을 이용했는데, 원고의 입력과 책의 구성과 편집, 심지어 표지 그래픽까지 누구의 손도 빌리지 않고 혼자서 직접했다. ISBN 번

호를 부여받고 전자북 서점에 올리는 것도 마찬가지, 일부러 혼자 해 보았다. 그런데 아니나 다를까, 이 과정에서 참으로 귀중한 경험을 했다.

책을 직접 제작하기로 했지만, 막상 뚜껑을 열고 보니 이게 보통 일이 아니었다. 평생을 컴퓨터를 끼고 살았지만 늘 쓰던 프로그램이나 썼지, 책 제작 프로그램을 보기나 했겠나. 할 수 없이 막힐 때마다 구글 검색을 통해 해결책을 찾았다. 또 유튜브 강의들을 찾아다녔다. 아, 그런데 여기 완전히 새롭고도 다른 세상이 있었다.

모르는 사람끼리 서로 가르쳐 주고 배우고, 더 좋은 방법과 기법에 대한 정보를 교환하고, 심지어 책의 기본 구성을 규정하는 소스코드source code를 무상으로 주고받고⋯ 단단한 공유경제의 공동체가 그 안에 있더라는 이야기이다. 수많은 사람이 서로 누구인지도 모르는 상태에서 일종의 네트워크와 공동체를 형성하고 있었다. 그러다 접속이 끊어지는 순간 다시 독립 개체로 돌아가고⋯ 그러다 또 다른 개체나 공동체와 접속하고⋯.

너무나 유연하고 가변적인 관계, 그러는 가운데 내가 이 책을 1주일 만에 제작했듯, 서로의 혁신역량은 10배, 100

배, 1000배로 늘어나는 세상…. 몇 번이나 '아, 이것이 우리의 힘이고, 우리의 미래구나' 하는 생각을 했다. 아울러 이런 관계에 익숙한 젊은 세대가 기존의 면대면 관계와 공식적 관계에 익숙한, 말하자면 만나서 차도 마시고 밥도 먹고 해야 일이 시작되는, 기성세대를 어떻게 볼까 하는 생각도 들었다.

전자북에 이어 또 하나의 유사한 일을 해 보았다. 혼자서 영상을 찍고 이를 편집해 유튜브에 올리는 일이었다. 영상편집 프로그램Movavi, Photoshop, Brew 등을 이용했는데, 영상을 자르고 붙이고, 자막과 음악을 넣고, 크로마키chroma key로 배경화면을 바꾸는 것 등을 직접 해 보았다.

이 일 또한 마찬가지, 전자북 만큼 어렵지는 않았지만, 그래도 도움을 얻지 않고는 할 수 없는 일이었다. 또다시 구글 검색을 하고 유튜브 강의를 듣고, 그래서 결국 제작해서 유튜브에 올렸다. 눈이 불편해 몇 번 제작해서 올리다가 중단하기는 했지만 그래도 최소한 몇 번은 이 일을 했다.

전자북을 제작할 때처럼 또 한 번, 이와 관련된 커뮤니티가 사이버 공간 안에 존재하고 있는 것을 확인했다. 서로 알지도 못하고 만나보지도 않은 사람들이 정보와 지식,

그리고 기술을 주고받고, 때로 격려까지 해나가는 그야말로 네트워크형 커뮤니티가 그 안에 있는 것이다. 세상에 이러한 커뮤니티가 얼마나 많을까? 정말 하늘의 별 만큼이나 많이 움직이고 있을 것이다.

실제로 지금 당장 유튜브에 들어가 음악이든 미술이든, 아니면 꽃이든 주식이든, 관심사를 검색해 보라. 얼마나 많은 유튜브 영상들이 만들어지고 있고, 얼마나 많은 사람이 이에 접속하고 있는지를 확인할 수 있을 것이다. 좋은 역사 강의에 금방 수십만 명이 접속하고, 좋은 클래식 음악영상에 수백만 수천만 명이 접속한다. 특히 매일 정치 이야기하고, 누가 대통령 되는가를 주로 이야기하고 사는 분들은 꼭 한 번 확인해 보라. 다른 사람들이 무엇을 보고 무엇을 이야기하면서 살아가는지가 보일 것이다. 어쨌든 우리는 이런 시대를 살고 있다.

보편적 가치의 승리: CSR, CSV, 임팩트 사업

이런 시대가 전개되면서 우리 사회에는 여러 가지 변화가 일어난다. 그중 두 가지만 이야기하자. 혁신의 속도가 빨라진다는 등의 일반적인 이야기는 다 접어 두고 말이다.

하나는 '공유'의 확대이다. 너도나도 자신이 가진 정보와 지식을 공유자산으로 내어놓는다. 그것도 상대가 잘 이해할 수 있게 풀고 쪼개서 내어놓는다. 당신이 누구냐 묻지도 않는다. 금전적 보상을 요구하지도 않는다. 전자북 제작과 관련하여 내가 경험한 유일한 요구는 '도움이 되셨으면 아메리카노 한잔 부탁해요'였다. 제법 중요한 문제를 해결할 수 있는 정보에 대한 대가였다.

이들이 모두 이타적이라 그런 것도 아니다. 모두 똑같은 사람들이다. 그러면 왜 자신이 가진 지식과 정보를 내어놓을까? 단순하다. 첫째, 어차피 나만 가지고 있는 것이 아니다. 내가 아니라도 누군가는 내어놓게 되어 있다. 둘째, 그럴 바에야 내가 먼저 내어놓고, 내가 주도적인 역할을 하는 것이 좋다. 셋째, 나름의 보상체계가 작동하고 있다. 남으로부터의 인정을 받거나, 잘하면 유튜브 광고도 받을 수 있다. 어떤가, 이러한 활동이 영속적으로 계속 확대되어 갈 것이란 생각이 들지 않는가? 틀림없이 그럴 것이다.

그리고 또 하나, 중요한 문제이다. 모두가 존중하는 보편적 가치들이 점점 더 무게를 얻어가게 된다. 소수가 참여하는 모임에서는 영향력 있는 한두 사람의 역할이 클 수 있다. 뭔가 결정을 해도 그 사람의 선호가 반영될 가능성이 크다. 그러나 누구도 통제할 수 없는 다수가 함께하는 공간에서는 보편적 가치가 무게를 얻는다. 소수가 가진 엉뚱한 생각은 호응을 못 얻으면서 구석으로 밀리고, 못된 생각들도 쉽게 지지를 받지 못하고 사라진다. 특별한 이해관계가 없는 사람이 굳이 이런 생각에 맞장구를 칠 이유가 없기 때문이다.

하여간 이러는 사이에 그냥 상식적인 생각들, 그냥 보편적인 가치들이 중론이 된다. 누가 보고, 누가 들어도 옳은 이야기들이 주류가 되어 흐르게 된다는 말이다. 물론 소위 '악플'이 난무하기도 하고 편견과 잘못된 정보가 들어 있는 유튜브가 성행하기도 한다. 자신의 강한 신념이나 이해관계에 어긋날 때 그렇게 하는 것이다.

그러나 사이버 공간 안에서의 전체적인 흐름은 보편적 가치의 승리이다. 우리 대부분, 매사에 그렇게 민감하게 반응할만한 신념이나 이해관계를 가지고 있지 않기 때문이다. 참여자가 많아지면 많아질수록 자기정화自己淨化의 기제도 만들어져 갈 것이다. 아울러 인격살인과 명예 훼손 등 되돌릴 수 없는 피해를 준 경우에는 참여자들의 합의와 동의하에 제재와 처벌의 장치도 마련될 것이다.

이런 보편적 가치에는 어떤 것이 있을까? 정의, 공정, 인권, 환경, 상생…. 민주화가 되면서 이러한 가치들이 무게를 얻기 시작했는데, 사이버 공간상의 비대면 상호작용이 크게 늘면서 그 무게가 엄청나게 늘어난 것이다.

개개인이 이런 가치들에 얼마나 충실한가는 문제가 안 된다. 너도나도 특별한 이해관계가 없는 사안에서는 사회통념상 옳다고 하는 것을 옳다고 한다. 세상은 정의롭고 공정해야 하고 환경은 보호되어야 하고, 인권을 유린하면 안 되고… 등. 이렇게 표명된 것이 다시 우리 사회 전체의 가치관에 영향을 주고, 그러면서 이러한 가치들의 무게가 다시 더 무거워지고… 일종의 선순환이 일어나는 것이다.

그 결과 이러한 보편적 가치를 존중하는 시민과 소비자들이 대거 출현하게 된다. 커피를 한잔 마셔도 되도록 '공정무역 커피,' 즉 커피 산지 원주민들의 이익을 강탈하지 않는 회사의 제품을 마시려 한다. 과대 포장으로 환경오염을 유발하는 업체의 과자는 사지 않고, 대리점이나 직원을 학대하는 '갑질' 기업의 제품도 사지 않는다. 대신 인간적 감동의 이야기가 있는 경우, 떡볶이건 만두건 원근을 따지지 않고 주문을 한다.

그러면서 결국 이러한 가치가 내 삶을 보다 낫게 만들어 줄 수 있다는 것을 알게 된다. 정의와 공정이 특권을 가지지 않은 나에게도 도전할 수 있는 기회를 주고, 좋은 환경에서 자란 식품이 내 몸에 좋은 영향을 주고… 나 혼자서는 할 수 없는 일이라 포기했던 일이 사람들의 입에 오르내리는 것을 보며, 나 스스로도 이에 참여할 수 있다는 것을 느끼게 된다.

이러한 변화에 가장 민감하게 반응하는 쪽은 역시 기업이다. 윤리경영과 친환경 경영 등을 내걸기도 하고, 기업이익의 일정 부분을 시민과 소비자들이 강조하는 보편적 가치의 실현을 위해 내어놓는다.

실제로 우리 사회에서도 적지 않은 기업들이 CSRcorporate social responsibility, 기업의 사회적 책임과 CSVcreating shared value, 공유가치창출를 강조하고 있다. 잘 알다시피 CSR은 약자보호와 환경보호 등 사회 구성원들이 중시하는 가치를 실현하기 위해, 기업이 사회의 구성원corporate citizen으로서 그 책임을 다하는 것을 말한다. 또 CSV는 여기서 한 발 더 나아가, 사회적으로 도움이 되는 일을 통해 기업의 핵심역량을 강화하는 것을 말한다. 말하자면 기업의 이익과 사회적 가치를 동시에 추구하는 것이다.

1980년대 중반 유한킴벌리가 '우리 강산 푸르게 푸르게' 사업을 시작할 때만 해도 기업의 이러한 활동은 매우 이례적이었다. 그러나 최근 삼성, 현대기아차, SK, LG, CJ, KT 등의 대기업은 말할 것도 없고, 작은 규모의 기업들까지 이러한 일에 적극적으로 나서고 있다.

최근에는 사업 자체를 사회적 가치와 재무적 가치를 동시에 추구하는 '임팩트사업impact business'으로 하는 스타트업 기업이 빠르게 늘고 있다. 또 이들을 지원하는 임팩트투자impact investing 펀드도 성장하고 있다. 현대해상을 배경으로 약 10년 전 설립된 루터 임팩트Root Impact는 그 대표적인 예이다. 최근에는 다음 카카오 등이 적극적으로 참여하고 있다. 이들은 쉽게 말해, 돈도 벌면서 세상을 긍정적 방향으로 바꾸기도 하는 체인지 메이커change makers를 발굴하고 양성하는 것을 목표로 하고 있다.

왜 이런 현상이 일어나고 있을까? 보편적 가치의 무게가 하루가 다르게 늘어나고, 그러한 변화와 함께 국민도 소비자도 그러한 가치를 중시하는 가치 국민과 가치 소비자로 바뀌고 있기 때문이다. 정보통신망의 발달과 이를 통한 상호작용의 확장이 만들어 내는 현상이다.

감이 느린 쪽은 역시 국가 부문이다. 정치가 특히 그렇다. 어떤 변화가 일어나고 있는지 감도 잡지 못하고 있다. 공정, 정의, 인권, 환경, 상생과 같은 가치가 엄청난 무게를 얻어가고 있음에도 불구하고, 여의도 바닥은 여전히 수단과 방법을 가리지 않고 이기기만 하면 된다는 생각이 넘친다. 이기기 위해서라도 정의롭고 공정해야 한다는 생각을 하지 않는다. 부정부패로 교도소를 갔다 온 사람들이 정당의 지도자가 되고, 심지어 대통령 선거에 출마하겠다고 나서는 마당이니 무엇을 더 말하겠나.

왜 이런 일이 벌어지느냐? 기업과 달리 경쟁이 제한적이기 때문이다. 기득권 정당들이 스스로에게 유리한 정당법과 선거법 그리고 정치자금법 등을 만들어 놓고, 자기네만의 리그를 벌이고 있기 때문이다. 이쪽 아니면 저쪽, 상대만 거꾸러뜨리면 되는 게임, 자연히 변화에 대해서는 둔감할 수밖에 없다. 결과적으로 정치는 대중과 멀어지며, 그 정당성을 잃어가게 된다. 스스로 만든 과점 체제가 빚어내고 있는 비극이다.

또 하나, 그 주변을 둘러싸고 있는, 소위 진영 때문이다. 일반 대중은 대체로 정치에 큰 관심을 두지 않는다. 보편적 가치를 지닌 채 그저 냉소적인 입장 정도만 가지고 있다. 이에 비해 진영을 구성하고 있는 사람들은 대단히 적극적이다. 또 보편적 가치보다는 승부 자체에 집착한다. 결국, 이들이 정치권을 포획하게 되고, 이로 인해 정치권은 또 한번 대중이 가진 보편적 가치와 멀어진다. 그러면서 대중의 정치적 냉소는 더욱 깊어진다.

이런 정치가, 또 이런 정치를 통해 성립되는 국가기구가 어떻게 대중적 정당성을 가지고 우리 사회가 필요로 하는 개혁과 혁신을 할 수 있겠나. 이것 하나만으로도 국가주의는 그 한계가 뚜렷해진다. 이기는 순간 '승자의 저주winner's curse'가 시작되는 것이다.

7-2

프로슈밍(prosuming)과 공동생산(co-production)

생산자와 소비자, 사라진 구분

CJ대한통운은 실버택배를 운영한다. 택배 차량이 아파트 단지 등에 배달할 물건을 싣고 가면, 그곳에서부터는 그 지역 노인들이 전동카트를 이용해 수신인 집까지 배송하는 시스템이다. 노인 일자리 창출에 큰 도움이 되는 것은 물론이다. 민간 의료봉사기구 라파엘 클리닉은 매주 일요일 외국인 노동자 300명 이상에게 무료 진료를 한다. 의료진 5백여 명, 일반 자원봉사자 1천여 명이 돌아가며 봉사를 한다.

시흥에 사는 60대의 여성 한 분은 지난 수십 년간 하루 세 가지 이상의 반찬을 만들어 주변의 취약계층에 전달해 왔고, 앞서 말한 것처럼 다음 카카오의 CEO는 재산의 50%, 5조 원에 이를 것으로 추정되는 이 큰 자산을 사회에 기부하겠다고 했다. 톰스 슈즈는 고객이 신발 한 켤레를 사면 한 켤레를 제3세계의 어려운 나라 어린이에게 보내고 있고….

이런 일이 끝도 없이 일어나고 있다. 어제도 오늘도…. 추세로 보아 내일은 더 많아질 것 같다. 어제 만난 한 기업인도 어느 대학병원에 10억 원을 10년 동안 기부하기로 약정한 후 2년째 기부하고 있다고 했다. 그리고 내년에는 아예 사회공헌 사업을 제대로 시작하고 싶다고 했다. 이유는 하나다. 사회적으로 인정받는 기업, 기업인이 되고 싶다고 했다.

국가는 공공재와 공공서비스를 생산한다. 국방, 치안, 환경, 복지, 안전, 기초기술… 등. 맞다. 그렇게 한다. 자, 그러면 다시 물어보자. 이 공공재와 공공서비스는 국가만이 생산하나? 대통령과 국회 등 국가기구만이 생산하나? 얼마나 자주 물어본 질문인지 모르겠지만, 금방 '그렇다'라고 대답할 수 있을까? 위의 언급한 단 몇 가지의 사례만 보고서라도 말이다.

과거에는 그러한 경향이 강했다. 농경시대를 배경으로 하는 세습왕조시대에는 세상 모든 것이 다 나라님이 하는 것이었다. 국가는 생산하고, 백성은 세금을 내면서, 아니면 역役, 즉 노동력을 제공하며 이를 사서 썼다. 초기산업사회에 들어서도 그랬다. 국가는 도로를 놓고 항구를 만드는 등 공공재와 공공서비스를 생산하여 제공하고, 기업과 개별 국민은 이를 세금을 내고 사서 썼다.

그러나 지금 이렇게 이야기할 수 있을까? 앞서 보편적 가치를 강조하는 국민과 소비자의 등장, 그리고 기업을 포함한 시장 주체들의 이에 대한 대응을 조금은 길게 설명한 이유가 있다. 바로 이 질문에 대답하기 위해서이다.

민간 부문에 있어서도, 공공 부문에 있어서도 이제 생산자와 소비자를 가르는 선이 사라지고 있다. 커피숍에서 커피를 마시는 것만 해도 그렇다. 과거에는 종업원이 테이블로 가져다주면 이를 받아 마시고 나오면 그만이었다. 그러나 지금은 그렇지 않다. 주문한 후 기다렸다가 받아 와야 하고, 마신 다음에는 분리수거까지 해 주어야 한다. 커피 서비스의 생산과정에 소비자가 깊숙이 개입하는 것이다. 토플러Alvin Toffler가 말하는 생산producing과 소비consuming의

합성어인 '프로슈밍prosuming,' 즉 '생산소비'이다.

누가 공동생산을 방해하는가?

공공재나 공공서비스의 생산도 마찬가지이다. 앞서 소개한 몇 가지 예처럼 수많은 공공재와 공공서비스가 국민에 의해 생산되고 배분된다. 생산자와 소비자를 가르는 선이 무너지고 있다고 하겠다. 그리고 이러한 경향은 날이 갈수록 뚜렷하게 나타난다. 행정학 쪽에서는 이러한 현상을 '공동생산' 또는 '시민공동생산,' 즉 '코-프로덕션co-production' 또는 '시티즌 코-프로덕션citizen co-production'이라 부른다. 국민과 정부가 같이 생산한다는 말이다.

프로슈밍이라 하든 공동생산이라 하든, 공공재의 생산과 소비가 국가나 정부에 의해서만 생산되는 것이 아니라 할 때, 또 민간 부문에서의 생산적 행위가 매우 중요하다고 할 때, 전통적인 국가 내지는 정부의 역할은 크게 달라진다. 경찰 서비스만 해도 그렇다. 도둑을 많이 잡은 경찰이 좋은 경찰이 아니라, 국민 스스로 자신을 보호할 수 있도록 하는 경찰이 좋은 경찰이다. 그 차이가 느껴질지 모르겠지만, 앞의 경찰은 스스로 결정하고 집행하고 다 하겠지만, 뒤의 경찰은 늘 국민과 함께하고 결정권의 상당 부분을 국민에게 위임 내지는 위탁하기도 해야 한다.

제3장에서 본 교육혁신의 문제만 해도 그렇다. 공동생산의 관점에서는 교육부가 교육혁신을 독점하는 것이 용납되지 않는다. 오히려 교육부는 손을 떼고 부모들이 하는 혁신을 돕는 보조자 역할을 할 것이 요구된다. 사회변화를 잘 읽는다는 보장이 없는 국회와 대통령, 그리고 관료기구가 부모들이 하는 혁신교육, 그것도 온 세계가 다 인정하는 교육을 보고 교육이 아니라 할 이유가 없다.

우리 사회에는 교육에 뜻을 가진 재력가가 많다. 그러나 이들은 잘 나서지 않는다. 나섰다가도 얼마 가지 않아 나선 것 자체를 후회한다. 어느새 교육공무원들의 지시를 받는 말단 교육행정가로 전락한 자신을 보기 때문이다. 돈 투자하며 스스로 교육공무원의 부하가 될 이유가 있겠나. 누가 교육사업을 하겠다고 나서겠는가. 선의를 가진 사람일수록 하루라도 빨리 그 뜻을 접고 싶을 것이다.

새로운 국민과 새로운 소비자의 등장, 그리고 기업을 포함한 사회·경제주체의 이에 대한 반응, 그리고 그 결과로서 나타나는 프로슈밍 내지는 공동생산 등 이 모든 것이 국가주의 체제의 해체를 요구하고 있다. 모순과 한계를 가질 수밖에 없는 국가가 뛰는 것이 아니라, 이 국민을 뛰게 할 자유주의 체제로의 전환을 요구하고 있다.

7-3
——————

위대한 국민

국가주의자들이 보는 국민

"만일 사람이 천사라면 정부는 필요 없다(if men were angels, no government would be necessary)."

미국의 건국 공로자이자 제4대 대통령을 지낸 메디슨 James Madison의 말이다. 국가는 기본적으로 인간의 불완전성에 기초한다. 그 불완전성이 만들어 내는 문제들을 완화하고 해결하기 위해 국가가 필요하다는 것이다.

그런데 이 불완전성을 어느 정도로 봐야 할까? 국가주의자들은 대체로 그 정도가 심각하다고 본다. 그러니 일종의 통제 기제로서의 국가의 역할을 이야기하는 것이다. 예컨대 세습왕조 체제에 있어 왕과 지배계급은 '백성'을 어떻게 보았을까? 사납고 어리석고, 그래서 규제하고 감독하고 보살피고 가르치지 않으면 안 되는 존재로 보았을 것이다.

오늘의 국가주의자들도 마찬가지이다. 이들의 눈에 국민은 자기 이익만 추구하는 험한 존재로 보일 것이다. 도덕과 윤리 같은 자율적 사회규범이나 사회통제 기제를 만들어 낼 능력도 없고, 또 만든다고 해 봐야 이를 잘 지키지 않는 존재로 보일 것이다. 아니면 소수의 착취세력 앞에 숨도 못 쉬고 당하고만 있는 '무지렁이' 정도로 보이든가. 그래서 국가권력으로 이들을 규제하고 감독하지 않으면 안 되고, 보호하고 가르치지 않으면 안 되는 존재로 보는 것이다.

한 가지 흥미로운 것은 인간의 이기심에 대한 이들의 인식 내지는 해석이다. 일반화할 수는 없으나 이들은 대체로 인간이 가진 이기심이 국가의 권력이나 그것이 만들어 내는 사회통제 시스템에 의해 제어될 수 있는 것으로 본다. 그러나 인간의 이기심은 그렇게 쉽게 제어되지 않는다. 어떻게 해서든 자신의 이익을 극대화하려는 사람들이 있게 마련인데, 국가권력이나 그 권력에 기반한 통제시스템은 오히려 이들의 기반이 되고 기회가 된다.

이를테면 크고 작은 부정이나 정격유착, 그리고 부정축재 등이 다 그런 것이다. 권력이나 권한은 자의적인 영역, 즉 그것을 가진 사람의 의지와 의사를 반영할 수 있는 부분이 있게 마련인데, 이게 바로 이들의 접근 목표가 된다. 권력이나 권한을 가진 사람에게 접근할 통로와 기회를 활용해, 아니면 그러한 통로와 기회를 찾아서 자신의 욕심이나 이기심을 극대화 하는 것이다.

천하에 없는 도덕군자라도 이를 피하기가 쉽지 않다. 본인이 움직이지 않겠다고 해도, 주변 사람들이 그냥 두지 않는다. 새로운 사업 아이템을 끊임없이 가져와 허가만 받으면 '대박'이 난다고 부추기고, 각종의 민원을 가져와 인간적 호소까지 한다. 어떻게 가만있기만 할 수 있겠나. 사유재산이 인정되는 나라에서는 이렇게 해서 돈을 모으고, 사유재산이 없는 나라에서는 권력과 지위가 거래된다.

문재인정부 들어 소위 진보진영 인사들의 불공정하고 불합리한 행위들이 드러나 말썽이 되고 있는데, 달리 딴 이유가 있는 게 아니다. 권력을 쥐게 된 데다, 국가권력을 더 강화하고 있으니 그렇게 되는 것이다. 인간의 이기심과 욕심에는 진보와 보수가 따로 없다.

국가주의자라 하여 이를 모를 리 없다. 다시 이를 통제하는 시스템을 또 만든다. 경찰과 검찰 위에 다시 고위공직자를 특별히 다루는 기구를 만드는 방식 등으로…. 그러면 국가는 어떻게 될까? 통제시스템 위에 통제시스템, 그 위에 또 다른 통제시스템, 사회 전체가 일을 하기보다는 통제하고 감시하는 데 에너지를 쏟게 된다. 그리고 사회 구성원들은 이를 피해 다니느라 하고 싶은 일도, 투자도, 심지어 새로운 것을 상상하는 일도 못하게 된다.

자유주의자들은 어떨까? 국민 개개인이 완전하지 못한 것도 인정하고, 시장 질서를 포함해 이들이 만들어 내는 질서와 규범도 완전하지 않다는 것을 인정한다. 당연히 일정한 범위 안에서의 국가의 역할을 인정한다. 그러나 한 가지, 자유주의자들은 국민 개개인이 정의롭고 공정한 자율의 질서를 만들 능력이 있다고 본다. 그리고 이러한 자율의 질서는 국가의 법률이나 규칙이 만들어 내는 것보다 더 강할 수 있다고 본다.

인간이 늘 정의로운 존재이고, 공정의 가치를 이고 사는 존재라 생각하여 그러는 것이 아니다. 오히려 이기심과 이기심이 부딪치면서 만들어 내는 질서의 공정과 정의를 믿는 것이다. 파는 사람과 사는 사람의 이기심이 만나 공정한 가격질서를 형성하게 되는 것처럼, 또 돈을 많이 벌고 싶은 장사꾼이야 말로 성실과 정직으로 신뢰를 쌓아야 되는 것처럼 말이다.

앞서 말한 검찰개혁의 문제도 그렇다. 자유주의의 입장에서는 그런 식의 접근이 이해가 되지 않는다. 오히려 앞서 소개한 배임죄 등의 적용범위를 줄여 검찰권 자체를 줄이는 것을 우선으로 하였을 것이다. 대신, 주주와 투자자 그리고 채권자 등의 권한을 더 키워, 시장 안에서 자율적인 통제가 확대되게 하면서 말이다. 다시 말해 과도한 국가의 권력을 줄이고 오히려 시장주체와 공동체 구성원들의 이기심을 활용해 정의가 실현되도록 하는 노력을 먼저 시도했을 것이라는 말이다.

어쨌든 우리는 우리 국민을, 어느 쪽에 가깝다고 볼까? 무정부주의자 프로동Pierre-Joseph Proudhon의 말을 빌려 표현해 보자. 우리는 국가권력, 다시 말해 나보다 더 나아 보이지도 않는 사람들에 의해 통제되고, 규제되고, 지배되고, 지도되고, 평가되고, 측정되고, 교육되고, 감시되고, 조사되

고, 억압되고… 해야 할 존재들인가? 아니면 우리 사회 곳
곳에 우리 스스로가 주인인 자율의 질서를 만들어갈 능력
이 있는 존재들인가?

이 책에서의 입장은 분명하다. 후자, 즉 우리는 우리 스
스로 자율적 질서를 만들어 갈 역량을 갖춘 국민이라고 본
다. 그뿐 아니라 대통령이나 국회 등 국가기구가 풀 수 없는
문제를 풀 수 있는 역량과, 글로벌 혁신을 선도할 능력도
갖추고 있다고 본다. 그래서 이 국민의 자유를 구속하지 말
고 풀어주라고 말하는 것이다.

위대한 국민 1 : 성공을 향한 열정

벌써 50년이 다 되어 가는 시절의 이야기이다. 독
일에서 공부하고 그곳에서 교수를 하고 있던 분이 귀국해
통일 관련 강의를 했다. 강의 도중 그가 말했다. 한강이 오
염되어 가고 있다는 기사를 보았는데, 그게 그리 나쁘게만
들리지 않더라고… 어렵고 힘든 유학 시절, 오염된 라인 강
의 물을 보며, 내 조국은 언제 이렇게 오염을 걱정하는 나
라가 될까 부러워했었다고.

경제가 성장하면서 그 한강이 그의 소원²대로 극심한 오염을 겪었다가, 경제가 더 성장하면서 다시 맑아지고 있다. 36년간 식민통치를 받았던 나라, 광복 후 전쟁으로 폐허가 되었던 나라, 국민소득이 100불도 되지 않았던 세계에서 가장 불행하고 가난했던 나라가 이제 이만한 나라가 되었다. 수출 세계 7위, 수입 세계 9위, 1인당 GDP국내총생산 3만5천 달러, 그리고 2020년 기준으로 GDP 1조 6천억 달러로 세계 11~12대 경제대국이다.

성공의 스토리는 곳곳에 쌓이고 있다. 세계 최고 수준의 통신망, 세계 최고 수준의 전자산업과 자동차산업, K-Pop, K-Drama, '이것까지는 설마' 하는 순간, '그것까지' 세계 정상에 가 있다. 골프, 수영, 스케이트… 등. 이런 이야기를 할 때마다 늘 가지고 있는 의문 하나, 그래도 농구는 아니겠지?

무엇이 이런 성공을 가져왔을까? 많은 사람이 박정희 대통령을 비롯한 정치적 리더십의 역할을 강조하기도 하고, 어려운 시절 갖가지 원조를 해 주고 시장을 열어주었던 미국의 역할을 이야기하기도 한다.

모두 옳은 이야기이다. 특히 박정희 대통령 리더십은 가볍게 이야기할 수 없다. 인권탄압과 정경유착, 그리고 노동 탄압 등 어두운 면이 적지 않았으나, 경제발전과 관련하여서는 그 공을 지울 수가 없다. 외국인 직접투자를 막아 우리 경제의 자주성을 지킬 수 있게 한 것이나, 부동산 가격의 점진적 상승을 통해 산업투자자의 투자 위험을 완화시키고, 그럼으로써 투자가 계속되게 한 것 등은 국가정책을 다뤄 본 사람으로서 저절로 고개가 숙여진다.

그러나 가장 중요한 것은 국민 한 사람 한 사람이었다. 너나없이 잘살고자 하는 욕구가 강했고, 정부는 '마이 카' 시대 등의 내용을 담은 미래비전으로 이에 불을 질렀다. 배고프던 시절, 행여 잘사는 세상으로 가는 이 기차를 놓칠세라, 너도나도 죽으라고 달렸다.

다음은 마이클 브린Michael Breen이 그의 책 《한국, 한국인》에서 우리 경제의 성공 배경을 이야기하면서 한 말이다. 그는 〈더 타임즈〉와 〈워싱턴 타임즈〉의 서울 주재 기자 출신 PR 컨설턴트로 40년 가까이 한국에서 살고 있다.

한국인들은 분노했고 혼란스러워했으며 필사적이었다. 많은 사람이 다음 끼니를 어떻게 해결할지 모르면서 굶주렸으며, 전쟁이 재발할 위험이 그들의 머리 위에 드리워져 있었고, 현재를 보다 나은 미래로 바꾸려 모두가 필사적이었다. 그들은 성공해야만 했다.

1980년대 초, 우리나라 근로자들의 평균 노동시간은 1년에 약 3천 시간이었다. 2020년의 OECD 경제협력개발기구 국가 연간 노동시간은 그 평균이 약 1천7백 시간, 독일 같은 나라는 1천3백 시간 조금 넘는다. 그런데 무려 3천 시간, 그것도 그 이전에는 더 길었다. 노동조건과 환경은 또 얼마나 열악했나. 사람의 삶이라 할 수 없었을 것이다. 그래, 정말 필사적이었다.

언젠가 한 번, 반도체 신화의 주인공 한 분이 눈앞이 캄캄해 본 적이 있느냐 물었다. 당연히 있다고 했다. 대답을 너무 쉽게 한다고 생각했든지 다시 물었다. 큰일 났다는 의미의 '캄캄'이 아니고, 물리적으로 진짜 아무것도 보이지 않는 상태를 경험해 봤느냐는 것이었다. 자신은 여러 차례 그런 경험을 했고, 그때마다 '이대로 죽나 보다'라고 생각했단다. 어디 이분뿐이겠는가. 연간 3천 시간의 노동을 하는 근로자 대부분이 목숨을 걸 정도로 일을 했을 것이다.

이런 필사적인 태도는 쏟아 부은 노력이 하나하나 결실

로 다가오면서 습관으로 굳어져 갔다. 그리고 '하면 된다'의 확신과 함께 '성공을 향한 열정'으로 변하였다. 한번 목표를 정하면 주어진 여건이 좋고 나쁘고를 떠나, 무슨 수를 써서 건 그 목표를 달성해 내었다.

이제 그때만큼 절박하지 않다. 연간 노동시간도 2천 시간 이하로 낮아졌다. 하지만 우리 국민의 열정은 그대로다. 나름의 목표를 세우고, 그 성공을 향해 뛴다. 아이 교육에 있어서나, 집을 마련하는 데 있어서나, 좋은 일자리를 찾는 데 있어서나, 심지어 다이어트를 하고 명품을 마련하는 데 있어서까지 필사적으로 노력한다. 성공하지 못한 사람은 성공을 위해, 이미 성공을 한 사람은 더 큰 성공을 향해 그 열정을 불태운다.

하지만 우려되는 면이 없지 않다. 이 열정은 노력에 대한 적절한 보상이 따를 때 유지된다. 노력하는 족족 실패를 하거나, 적절한 보상이 따라오지 않을 때는 그 열기가 떨어진다. 이런 점에서 경제적 기회가 줄어드는 가운데, 수많은 젊은이가 좌절하고 있는 오늘의 상황을 우려한다. 아울러 성공한 사람도 마찬가지, 수시로 이들을 '기득권 세력'과 '적폐'로 몰면서 이들의 열정을 흔들고 있는 정치적 환경을 우려한다.

이 점에 있어 문재인정부의 실정은 우리가 느끼는 것보다 크다. 일자리를 제대로 만들지 못하고 소득 격차를 줄이지 못했다는 정도가 아니라, 성공한 사람과 성공하지 못한 사람 모두의 열정을 흔들고 있기 때문이다. 그러나 아직 이 열정이 다 식지 않았다. 자유주의 체제 아래 뛸 수 있는 환경을 만들어 주면 다시 한 번 그 위대함을 드러낼 것이다.

위대한 국민 2 : 까다로움과 혁신역량

외국 출장을 가서 그 나라의 국내선 비행기를 탔다. 비즈니스 좌석이었는데, 남자 승무원이 사정상 기내식이 불가능하게 되었다며, 햄버거가 든 브라운 백 봉지 하나씩을 나누어 주었다. 그런데 나누어 주는 모양새가 말이 아니었다. 내가 앉은 좌석은 둘째 줄 창가, 그런데 첫째 줄 가운데 통로에 서서는 'hey' 하고 부르더니 봉지를 그냥 던졌다. 얼떨결에 받긴 했지만 기가 막혔다. 다른 사람들에게도 마찬가지로 계속 던졌다.

한국에서 이러한 일이 일어났으면 어떻게 되었을까? 승

무원뿐 아니라 비행기회사가 곤욕을 치렀을 것이다. 인터넷에 그때의 모습이 올라가고, SNS 네트워크를 통해 퍼지고, 그러다 결국 항공사에서 사과를 하고…. 하여간 별일이 다 일어났을 것이다.

한국 국민은 까다롭다. 좀처럼 만족하지 않는다. 그리고 그 불만을 어떤 방법, 어떤 통로를 통해서라도 표출한다. 비행기를 자주 타는 분들은 느끼겠지만 우리나라 항공사의 서비스 수준이 매우 높다. 승객을 보고 'hey' 하고 부르지도 않고, 음식을 집어 던지는 '짓'도 하지 않는다. 달리 그런 게 아니다. 소비자가 까다롭기 때문이다.

까다롭다는 것은 창의의 원천이고 혁신의 에너지이다. 만족스럽지 않으니 새로운 것을 상상하게 되고, 불평과 불만이 쏟아지니 개혁하고 혁신하는 것이다. 당하는 입장에서는 불편을 느끼기도 하겠지만 결과적으로 제품과 서비스의 질을 향상시키는 계기가 된다.

결과적으로 우리나라에서는 모든 것이 끊임없이 진화한다. 무슨 제품이나 서비스만 그런 것이 아니다. 고스톱도 어제와 오늘이 다르다. 골프 이야기를 해서 뭣하지만 재미삼아 하는 내기도 규칙이 끊임없이 변한다. 조직폭력배가 화제일 때는 '조폭 게임'이 유행하고, 전두환 대통령이 화제가 되면 '전두환 게임'이 유행한다. 문재인정부 아래에서는 '문재인 룰'이 등장하고….

'문재인 룰'이 뭐냐고? 공을 잘 쳐서 돈을 따든, 못 쳐서 돈을 잃든, 게임이 끝나면 똑같이 나누는 방식이다. 돈만 생각한다면 이기려 노력할 이유도, 지지 않으려고 열심히 할 이유도 없다. 어떤가? 정말 그럴듯하게 닮은 '룰' 아닌가? 격 떨어지는 정치권과 달리 해학도 살아 있고 말이다.

어쨌든, 이렇게 까다롭다 보니 우리 시장이 각종 글로벌 브랜드의 테스트베드가 되고 있다. 물론 소비자들의 구매력이 커졌고, 또 정보통신망이 잘 발달되어 있어 제품정보가 빠르게 확산될 수 있으니 그럴 수도 있다. 하지만 한국 소비자들이 까다롭다는 사실도 테스트베드가 되고 있는 가장 큰 이유 중 하나이다. 흔히 하는 말로 한국 소비자를 만족시킬 수 있으면 다른 어떤 나라의 소비자도 만족시킬 수 있기 때문이다.

일례로 한국 여성의 화장품 선택기준은 매우 까다롭다. 자생당資生堂 에스터로더Ester Lauder, 로레알L'Oréal 등이 앞다퉈 한국시장을 테스트베드로 삼는 이유이다. 화장

품뿐만이 아니다. 자동차, 담배, 맥주를 비롯한 주류와 음료, 주방용품과 가전제품 브랜드들이 앞다퉈 제품의 경쟁력과 완성도를 테스트하기 위해 한국시장으로 몰려들고 있다. 다음은 〈매일경제〉 신문에 소개된 한 수입차 업체 간부의 말이다.

> 공급자 입장에서 보면, 한국시장은 그다지 큰 이익을 남기는 곳은 아니다. 그런데도 수입차 업체들이 한국시장에 공을 들이는 이유는, 한국 소비자의 눈높이를 만족시킨 차라면 다른 국가에서도 충분히 승산이 있다고 판단하기 때문이다.

우리 국민의 까다로움은 시장영역에만 머물지 않는다. 정치와 공공 부문에서도 엄청난 힘을 발휘한다. 모두 정치에 대해서 늘 불만이지만 사실은 광복 이후 엄청난 발전을 해왔다. 불과 30여 년 전만 해도 체육관에서 대통령을 선출하던 나라였다. 게다가 국회의원 선거다 뭐다 해서 선거 때만 되면 천문학적인 돈이 뿌려지던 나라였다. 그런 나라가 이만큼이나마 되지 않았나. 다른 이유가 있어서가 아니다. 국민이 그 잘못된 체제에 대해 만족하지 않았기 때문이다. 끊임없이 문제를 제기하고 끊임없이 따지고 들고일어나고 한 결과이다.

곳곳에서 조금만 늦고 조금만 불편해도 야단이 난다. 자연히 민원서류 발급 시스템 하나도 세계 최고로 빨라야 하고, 전화도 친절하게 즉각 받아야 한다. 특히 지방자치가 실시된 이후 이러한 현상은 더욱 뚜렷해지고 있다. 지방자치단체장과 지방의원을 선출함에 따라 일반 국민의 정치적 효능감, 즉 내가 이들에게 영향을 미칠 수 있다는 느낌이 더 커졌기 때문이다.

다른 책에서 한 이야기를 다시 한 번 해 보자. 10여 년 전 유럽 어느 나라를 방문했을 때였다. 그 나라 주재 한국 대사와 약속이 있어 대사관저로 가는데 안내하는 직원이 불평 아닌 불평을 했다.

"때로는 이 나라가 선진국 맞나 의문이 듭니다. 전화 하나를 신청해도 한 달이 다 되어서야 나오고…. 미칠 지경일 때가 많습니다. 한국 생각하고 살다가는 속 터져서 못 삽니다."

대사관에 도착해서 대사와 식사하고 있는데, 전기가 나갔다. 정전이었다. 아니, 이런 나라에서 웬 정전? 곧 다시 전기가 들어오려니 했는데 웬걸, 식사가 다 끝나고 대사관저를 나올 때까지 전기는 들어오지 않았다. 덕분에 빨간 촛불 아래 운치 있는 식사를 하긴 했지만. 다음 날 대사에게 전기가 언제 들어왔느냐고 물었다. 아침이 다 되어 들어왔을 것이라고 했다.

"사람들이 야단이 났겠네요."

"아니요. 여기 사람들은 기다리는 것도 잘하고, 줄 서는 것도 잘합니다. 그저 그러려니 했을 겁니다."

전기가 아침이 되어서야 들어오고, 전화 다는 데 한 달 가까운 시간이 걸리고 한 이유를 알 것 같았다.

까다로움은 때로 많은 문제를 일으키기도 한다. 불필요한 갈등과 싸움을 일으키기도 하고, 과도한 민원비용을 일으키기도 한다. 그러나 혁신이 곧 경쟁력인 세상에 있어 이 까다로움은 우리 국민을 위대하게 만드는 더없이 소중한 밑천이다.

위대한 국민 3 : 공동선에 대한 의식

2021년 국내 2위 우유업체인 남양유업이 한 사모펀드에 매각된다는 보도가 있었다. 문제는 매각 가격이었다. 일부 전문가들은 그 3배는 받았어야 한다고 할 정도로 싸게 계약되었다. 이유는 기업과 그 대주주에 대한 평판이 나빠져 기업을 경영하기가 힘들 정도가 되었기 때문이다.

평판이 나빠진 이유는 여러 가지다. '을'의 위치에 있는 대리점에 제품을 강매하여 말썽이 난 적이 있었고, 과대광고로 말썽이 일어나기도 했다. 최근에는 검증절차를 거치지도 않고 특정 제품이 '코로나-19'에 효과가 있는 것으로 밝혀졌다는 발표를 해서 식품의약품안전처에 의해 경찰에 고발되기도 했다. 게다가 대주주 집안 식구중 한 명이 마약을 문제로 빈번히 언론에 등장하기도 했다.

2014년의 소위 '땅콩 회항사건'으로 곤욕을 치른 대한항공도 그 대표적인 경우이다. 오너 회장의 딸이기도 한 당시 부사장이 마카다미아를 봉지를 뜯지 않고 주었다는 이유로 사무장에게 무릎 꿇고 사과하게 하는 등 난동을 부리다가, 급기야 비행기를 램프 유턴시켜 사무장을 강제로 내리게 한 사건이었다.

그 뒤 다시 사건을 은폐하려 한 것이 드러나 오히려 더 큰 사건이 된 경우였는데, 이 일로 대한항공은 엄청난 타격을 입었다. 이를테면 경복궁과 구 풍문여고 자리 사이의 자사 소유부지에 7성급 호텔을 짓는 것을 숙원사업으로 가지고 있었는데, 이것이 무산되었다. 정부도 허가해 준다는 방침을 세웠다가 대한항공에 대한 여론이 극도로 나빠지자 그 의사를 철회하였다.

우리 사회는 이런 문제가 발생하면 온 사회의 관심이 집중된다. 신라호텔이 한복 입은 고객 한 사람의 출입을 제지하려 했다가 곤욕을 치르는가 하면, '민식이법'처럼 스쿨존 안에서의 어린이 교통사고로 전국이 들끓다가 법이 개정되기도 한다. 때로는 인구 5천5백만이라는 것이 믿어지지 않을 정도로 온 나라가 이런 일에 관심을 집중한다.

한마디로 공공선에 대한 관심이 높다는 말이다. 특히 약자를 괴롭히거나 인권을 짓밟은 행위, 환경을 훼손하거나 기득권을 이용해 부당한 이익을 취하는 행위 등에 대해서는 민감하게 반응한다. 결코 그냥 넘어가지 않는다. 이 장(章)의 제1절의 '새로운 국민, 새로운 소비자의 등장'에서 이야기한 부분과 같은 맥락의 이야기이다.

시민단체들도 비교적 잘 조직화되어 있다. 상당한 수준의 전문성과 인적·물적 기반을 갖춘 단체들도 많다. 그뿐 아니라 노동조합 등 조직 내부의 불합리한 행위를 견제하거나 고발할 수 있는 조직들도 존재하고 있다. 과거 권위주의 시절과는 비교가 되지 않을 만큼 단단한 상호견제 구도가 갖춰져 있는 셈이다.

그리고 어떤 조직이나 인물에 문제가 있는 것으로 알려지면 네티즌들이 마치 수사관처럼 각종 포털 등 사이버 공간 곳곳을 찾아다니며 관련 자료를 수집하고 공유한다. 또 온라인과 오프라인 모두에서 집단행동을 벌인다. 때로 과도한 신상 털기나 개인 프라이버시 침해로 문제가 발생하기도 하지만, 공공선의 확보라는 점에서는 중요한 역할을 한다.

1997년 IMF 구제금융 신청 당시 일어났던 금 모으기 운동은 세계를 감동시켰다. 무려 350만 명이 참여해 18억 불 상당의 금을 모았다. 그런 일은 세계 어디에도 없었다. '코로나-19'에 대응하는 자세 또한 세계인의 주목을 받고 있다. 《정의란 무엇인가 Justice: What's the Right Thing to Do》의 저자로 유명한 마이클 샌델 Michael Sandel 하버드대학 교수는 우리 시민사회가 펼친 '착한 임대인' '착한 선결제'와 같은 운동은 다른 나라에서는 보기 힘든 것으로 강한 인상을 받았음을 피력했다.

과거에는 또 어떠했나. 나라가 나라 같지 않은 상황 속에
서도 전란만 일어나면 의병이 일어나 나라를 지켰다. 한일
병탄 직전에도 일본에서 빌린 차관을 갚겠다고 국채보상운
동을 일으키기도 했다. 공동선을 지키기 위한 노력의 역사
가 만만치 않다는 이야기이다.

　　성공을 향한 열정을 가진 국민, 까다로운 국민, 공동선
에 대해 높은 의식을 가진 국민, 이만하면 자유를 누릴 자
격이 있고, 자율의 질서를 만들어갈 역량이 있다고 해야 되
지 않겠나. 지배받고 규제받고 감독받고 승인받고 감시받고
허가받고 지시받는 국가주의 체제에서 벗어나서 말이다.

7–4

'i의 시대'

'i' '연결' '접속'

자유한국당 비상대책위원장 시절, 이러한 생각을 바탕으로 'i의 시대'를 천명했다. 세상을 향한 선언이라기보다는 우선 내 스스로를 향한 선언이었다. 지금도 변함없다. 내가 보는 세상, 그리고 앞으로 올 수밖에 없고, 또 우리 모두 향할 수밖에 없는 세상이 'i의 시대'이다.

'i'는 여러 가지 뜻을 가지고 있다. 가장 핵심적인 내용은 'individual,' 즉 '개인'이다. 세상은 이미 집단이 아닌 자유권을 가진 개인이 중심을 이루어가고 있다. 충성과 단결을 요구하는 집단적 관계 대신, 개인적 신념이나 이해관계가

7. 체제전환, 왜 자유주의인가?   219

바탕이 되는 '연결된 개인'의 관계가 세상의 중심을 이루어 가고 있는 것이다. 그래서 'i'도 대문자가 아닌, 사람의 모양을 닮은 소문자로 썼다.

'연결된 개인'의 관계의 핵심은 '접속'이다. 신념과 이해관계가 맞아 접속을 하면 관계가 맺어지고, 접속을 끊으면 그 관계는 사라진다. 대면 관계든 비대면 관계든 상대가 어떤 사람인지 모를 수 있다. 또 굳이 알 필요도 없다. 접속할 일이 있으면 접속했다가, 그럴 필요가 없으면 끊는다.

직장만 해도 평생직장의 개념이 사라지고 있다. 내 신념이나 이해관계에 맞으면 '접속'을 유지하고, 아니면 이를 끊고 다른 곳을 접속한다. '소속'이 아니라 '접속'인 것이다. 동창회도 마찬가지, 내게 맞으면 참여하고, 맞지 않으면 참여하지 않는다. 과거 같으면 참여하지 않는 데 따른 부담감이나 죄책감 같은 것이 있었지만, 이제 더 이상 그런 세상이 아니다. 접속하지 않으면 그냥 그것으로 그만이다.

심지어 전통적 공동체인 가족관계까지 변하고 있다. 부모자식, 형제자매의 관계가 과거와 같지 않다. 아래로의 관계, 즉 자식에 대한 애정과 관심은 여전하지만, 위와 옆으로의 관계는 '접속'의 관계로 변화하고 있다. 비혼, 즉 결혼

자체를 생각하지 않는 사람들이 늘고 있고, 이혼과 재혼의 비율도 늘고 있다. 혼외출산율 또한 50%를 오르내리는 유럽 국가들과는 비교할 수도 없는, 2% 안팎의 낮은 수준이지만 최근 들어 그 추세선의 머리가 바짝 들려있다.

많은 사람이 이러한 변화를 못마땅해 한다. 하지만 세상은 이미 영속적이고 안정적인 집단관계가 아닌, '접속'을 기본으로 한 '연결된 개인'의 관계가 중심이 되고 있다. 이를 되돌릴 방법은 없다. 오히려 이를 바탕으로 보다 합리적이고 역동적인 사회를 만들어 가는 것이 지혜로운 일이다. 그런 일 중의 하나가 바로 이 책이 말하는 탈국가주의와 자유주의 체제의 강화이다.

i 노믹스(nomics)

'i'는 다시 'idea,' 즉 '창의성'의 의미와 'initiative,' 즉 '주도'의 의미를 갖는다. 그리고 'invention,' 즉 '창조'의 의미와 'innovation,' 즉 '혁신'의 의미를 갖는다. 위대한 국민 한 사람 한 사람이individual 자유와 자율의 기반 위에서 새로운 생각과 기술, 즉 idea로 창조invention와 혁신

innovation을 주도initiative하는 세상을 꿈꾼다.

우리 경제는 국가주의 체제아래 그 기반을 마련했고, 또 성장했다. 그러나 이제는 더 이상 그렇게 할 수가 없다. 이제는 '연결된 개인'의 사회, 이러한 사회에서는 국민 한 사람 한 사람이, 또 시장과 공동체가 자유와 자율의 기반 위에서 마음껏 뛰게 하는 것이 우리의 길이다.

국가는 경제와 사회를 주도하는 역할에서 벗어나, 이 책의 제9장과 제10장에서 이야기될 것처럼 정의와 공정의 질서를 세우고, 경제사회적 형평을 맞추는 '보충적'인 일에 집중하는 것이 옳다. 그럼으로써 국민 한 사람 한 사람의, 그리고 시장과 공동체의 활동이 지속되도록 해 주는 것이다.

이러한 생각을 담아 천명한 것이 'i 노믹스'였다. 또 지도자 중심, 당론 중심의 정당이 아니라 의원 한 사람 한 사람의 '의원다움'과 당원 한 사람 한 사람의 '당원다움'이 살아 숨쉬는 'i 폴리틱스i politics'였다. 그리고 이를 반영한 캐치 프레이즈가 '위대한 국민, 다시 뛰는 대한민국'이었다. 보수 정당이 이러한 생각들을 계속 발전시켜 나가지 못하고 있는 것이 참으로 아쉽다.

8

성장담론과 분배담론
: '사이비 진보'와
'사이비 보수'

성장이 없는 사회에서는 어려운 사람이 더 어려워진다. 그래서 어려운 사람들을 위한다는 사람일수록 단단한 성장담론을 가지고 있어야 한다. 그런 점에서 성장담론이 없거나 약한 진보는 '사이비 진보'다.

분배가 없는 곳에서는 성장이 잘 일어나지 않는다. 안전망이 약하다 보니 혁신활동이 위축될 수밖에 없고, 소비대중의 구매력이 떨어지다 보니 내수시장의 역동성도 떨어진다. 또 곳곳에 '구별'과 '차별'을 특징으로 하는 '분절현상'이 일어나고, 특정 집단을 사회경제체제로부터 격리시키는 '소외'와 '배제'가 나타난다. 수명이 늘어나고 일자리는 늘지 않는 세상, 이런 세상에서는 더욱 그렇다.

이러한 문제들은 곧 자유주의 체제의 안정성을 해치게 된다. 이러한 점에서 분배담론이 없는 보수도 '사이비 보수'다.

8-1

왜 성장인가?

제로성장 사회

행여 입적하신 분의 명예에 손상을 입힐까 걱정이 되지만, 그런 뜻이 전혀 없으니 그냥 이야기하기로 하자. 교수 시절, 강의실에 들어가니 앞줄에 앉은 학생이 법정스님의 책《무소유》를 들고 있었다. 괜히 건드려 보고 싶어졌다.

"재미있어?"

"예. 느낀 게 많습니다."

"느낀 게 많아? 너 이제 큰일 났다."

"예?"

"너 이제 거지 되겠다고."

법정스님은 무소유로 세상 모든 것을 다 가졌다. 일종의 역설이다. 몸이 아프면 보살펴 줄 사람도 있고, 기거할 곳이 없으면 기거할 곳을 마련해 주는 사람도 있었다. 심지어는 지금의 길상사, 성북동의 그 비싸고 좋은 땅을 몽땅 스님께 드린 신도도 있지 않았나. 물론 스님이 가지신 것은 아니지만…. 그러나 현실 세계의 우리에게 있어 무소유는 궁핍이다. 보통의 많은 스님에게도 그렇다. 그 학생에게 말했다.

　"좋은 책이다. 하지만 마음의 고향으로만 삼아라."

　사람에게는 욕심이 있다. 이것은 버릴 수가 없다. 또 지나치지 않는 한 굳이 버릴 이유도 없다. 지난해보다 좀 더 벌고 싶고, 그래서 좋아하는 사람과 멋있는 곳에서 식사도 한 번 하고, 명품 지갑도 하나 사고, 주변의 어려운 사람들 많이 도와주기도 하고, 그러면서 살고 싶어 한다. 잘못된 것이 아니다. 인간이면 누구나 가질 수 있는 당연한 욕구이다.

　이렇게 다들 나름의 욕구를 가진 세상, 이런 세상에서 성장이 멈추거나 가라앉으면 어떻게 될까? 분배를 두고 평소보다 심한 대립과 갈등이 일어난다. '파이'가 작아졌으니 나부터 적게 가져가겠다고 생각한 사람도, 누군가 내가 생각했던 것보다 크게 잘라 가면 '투쟁'에 나서게 된다. 그렇지 않으면 아예 한 입도 못 먹으니까 말이다.

그래서 기업인은 기업인대로 노조는 노조대로, 또 중소 자영업자들은 그들 나름대로 자신들의 몫을 주장할 것이고, 그 결과 세상은 험해진다. 대립하고 갈등하고 그러면서 경제는 더 가라앉게 되고, 그로인해 더 작아진 '파이'는 더 심한 대립과 갈등을 부른다.

많은 사람이 언젠가 오고야 말 것 같은 이 '제로성장 사회'를 걱정한다. 그래서 이런저런 안案을 내어놓는다. 미리 잘 나눠 먹을 수 있는 분배구조를 확립해 놓아야 한다고 말하기도 하고, 소비욕구를 미리 줄여둬야 한다는 이야기도 한다. 심지어는 저성장 저분배의 철학을 공유하기 위한 캠페인을 해야 한다고 주장하기도 한다.

모두 부질없는 이야기이다. 이미 세상의 모든 제도나 문화가 '성장의 마법'에 걸려 있고, 소비욕구도 이렇게 큰 상황인데 그런 처방이 통하겠는가? 금덩이를 찾는 사람들에게 돌멩이 하나만 가지고 만족하는 법을 배우라 하면 그 말에 누가 귀를 기울이겠나.

다시 돌아가서, 성장이 멈추고, 그래서 분배를 두고 싸움이 일어나면 누가 어려워질까? 가진 사람일까? 아니면 가지지 못한 사람일까? 세상이 완전히 뒤집어지지 않는 한, 어려워지는 쪽은 늘 가지지 못한 쪽이다. 정보, 지식, 기술, 인적·물적 토대와 네트워크, 재정적 여력 등에 있어 가진 사람이 현격히 유리하기 때문이다. 인류의 역사가 이를 증명하고 있고, IMF 경제위기나 최근의 경제적 어려움에서의 우리의 경험이 이를 증명하고 있다.

성장담론 없는 '사이비 진보'

그래서 늘 이야기한다. 가지지 못한 사람들을 위한다는 '진보'야말로 성장담론이 있어야 한다. 성장담론이 없는 '진보'는 사이비 '진보'다. 성장이 없으면 가지지 못하는 사람이 죽게 되어 있는데, 이에 대한 생각이 없으면 이게 사이비가 아니고 무엇이겠나.

분배도 성장을 위해 존재해야 한다. 케인즈 John M. Keynes가 지속적인 성장을 위해 공공지출을 강조했듯이 말이다. 이런 큰 그림 없이 남의 것 빼앗아 가지지 못한 사람들에게 나눠주는 것은 강도나 도둑질 이외의 아무것도 아니다. 기껏해 봐야 '의적'인데, 그게 얼마나 오래가겠나. 빼앗기기만 하는 사람이 무엇 때문에 투자하고 생산하겠나. 차라리 자신도 의적의 일원이 되거나 아니면 빼앗아 주는 것 받아먹는 사람이 되고 말지. 결국, 그 사회는 저성장 저분배의 시끄러운 사회가 된다.

성장을 생각하지 않는 분배는 정책이 아니다. 경제정책이 아닌 것은 물론, 사회정책으로서의 가치도 없다. 오로지 정략과 정치적 술수로서의 의미만 갖는다. 표를 얻거나 불만을 잠재우기 위한 '짓거리' 이상 아무것도 아니라는 말이다. 지속가능성이 떨어질 수밖에 없는 돈 뿌리기를 그 이상 무엇으로 봐 주겠나.

바로 여기서 질문 하나. 문재인정부의 소득주도성장은 어떤가? 분배를 통한 성장, 바로 그런 것 아닌가? No! 내수시장을 살려 성장을 도모하겠다는 뜻은 이해가 간다. 하지만 소득을 늘리는 합리적 방안도 없고, 그 소득이 성장으로 연결되는 분명한 고리도 없다. 그냥 돈만 뿌리는 것이다. 이름부터 국제노동기구International Labor Organization, ILO의 '임금주도성장wage-led growth'을 모방한 것 아닌가. 이해가 된다. 평소에 성장담론을 멀리해 온 터, 준비는 되어 있지 않았을 것이고, 그러다가 어디서 들은 것은 있고, 이름도 그럴싸하니 얼른 모방해 왔을 것이다.

그러니 그 내용이 부실할 수밖에 없다. 여전히 수출이 중시될 수밖에 없는 우리 경제의 특성이나, 자영업자가 미국의 4배 가까이나 되고, 유럽 대부분 국가와 비교하여서도 2배 이상이 되는 우리 고용구조의 특성조차 고려하지 않았다. 그야말로 이상한 물건이다. 그러니 분배구조를 악화시키기까지 하는 것 아니겠는가. 사이비 진보의 어설픈 성장구호이자 분배구호이다. 그 이상 아무것도 아니다.

다른 나라의 진보세력은 다르다. 나름의 단단한 성장정책을 가지고 있고, 분배문제도 그 틀 속에서 논의한다. 진보진영이 이상향으로 삼고 있는 스웨덴만 해도 그렇다. 우리 사회의 진보집단이 목숨 걸고 반대하는 영리병원for-profit hospital도 있다. 그것도 유럽에서 가장 큰 편에 들어가는 영리병원이다. 우파 정당이 주도한 것이지만 교육도 학교 선택제를 포함한 자유주의적 교육방식이 운영되고 있다. 심지어 영리학교for-profit school까지 있다. 또 좌우와 노사 모두의 합의 아래 상장기업의 차등의결권도 인정하고 있다.

제대로 된 진보라면 왜 스웨덴 같은 나라가 이런 정책을 채택하고 있는지 고개라도 갸우뚱거려 봐야 한다. 그 나라의 복지수준만 볼 것이 아니라 말이다. 또 교육문제 등에 자유주의적 방식이 도입될 때마다 스웨덴이 곧 망하게 된 양 떠드는데, 이런 것도 그렇다. 그 뒤에 있는 그들의 고민을 읽어보려 노력해야 한다.

사실 스웨덴과 같은 나라의 경우 사회민주주의 국가이지만 경제자유도는 우리보다 높다. 헤리티지 재단Heritage Foundation이 발표한 2021년 경제자유도 조사에서 스웨덴은 21위, 우리나라는 24위이다. 그나마 2021년은 간격이 좁아진 것이 그렇다. 국내총생산GDP의 43%에 달하는 조세부담률이 점수와 순위에 큰 영향을 주고 있는데도 불구하고, 항상 우리보다 상당히 앞서 있곤 했다.

시장이 이렇게 자유롭다 보니 스웨덴의 시장소득market income 지니계수, 즉 세금이나 의무적으로 지출해야 하는 보험 등을 빼지 않고, 또 정부로부터 받는 보조금 등도 받지 않은 상태에서의 소득불평등 정도가 0.45를 넘는다. 조사에 따라서는 0.5 가깝게 나오기도 한다. 단연 세계 최고 수준의 불평등이다. 0.40 정도인 우리의 시장소득 지니계수와도 큰 차이가 난다. 자유도가 높은 시장경제 체제를 통해 성장을 확보한 후, 높은 세율의 조세와 이를 통해 마련한 재정으로 실질소득이라 할 수 있는 처분가능소득^{disposable} income 지니계수를 0.26 수준으로 내려 앉히고 있다.

왜 분배인가?

보울링 포 콜럼바인(Bowling for Columbine)

세계적인 다큐멘터리 감독이자 제작자인 마이클 무어 Michael Moore 감독이 캐나다 대도시의 이집 저집 문을 불쑥불쑥 열어 본다. 문이 바로 열린다. 잠겨있지 않은 것이다. 무어 감독이 집주인에게 묻는다. 문을 왜 안 잠그느냐고. 주인이 의아해하며 묻는다.

"왜? 그래야 돼요?"

치안에 아무 걱정이 없는 분위기이다.

1999년 미국 콜로라도주 콜럼바인시 Columbine, Colorado 에 있는 한 고등학교에서 일어났던 총기사고를 다룬 다큐멘터리 〈보울링 포 콜럼바인Bowling for Columbine〉의 한 장면이다. 2003년 아카데미 장편 다큐멘터리 부문 수상작이기도 하다.

캐나다 사람들은 낮에 문을 잘 잠그지 않는다. 그래도 아무 문제가 없다. 인구 대비 총기 숫자가 미국보다 더 많은 사냥의 나라이다. 그래도 총기사고는 몇 년에 한 번 있을까 말까 한다. 이 다큐멘터리의 내용에 의하면 몇 년 동안 단 한 건, 그것도 미국에서 온 사람이 저지른 일이었다.

그런데 미국은 어떠냐? 다큐멘터리 속에 나온 2000년대 초의 기록은 1년에 1만3천여 명, 2020년 현재 통계는 1만 9천3백 명, 하루 평균 53명이 총에 맞아 죽는다. 콜럼바인 고등학교의 참사도 그렇다. 졸업반 학생 2명이 900여 발의 총알을 난사하며 교사 1명과 동료 학생 12명을 죽였다. 부상자도 총기부상 21명, 총기사고 외 부상 2명이었다. 카페테리아에 2개의 폭탄을 설치했으나 다행히 기폭장치가 작동하지 않았다. 이게 터졌으면 5백 명 가까운 학생 상당수가 목숨을 잃을 뻔했다. 이 둘은 체포되기 직전 자살했다.

무어 감독은 캐나다에서 한 것처럼 미국인들의 집 현관도 열어본다. 하나 없이 잠겨있다. 자물쇠가 두 개, 세 개

붙어 있는 집도 있다. 다큐멘터리와 관계없이 '미국' 하면 연상되는 것이 하나 있다. 곳곳에서 볼 수 있는 '무단침입 금지no trespassing' 팻말이다. 때로는 총을 쏠 수도 있다는 무시무시한 문구도 본다.

무어 감독은 이 다큐멘터리를 통해 도대체 왜 이러한 일이 벌어졌는가를 추적한다. 총기 소유, 폭력적인 음악과 게임, 주변에 있는 군사시설 등 온갖 변수들을 다 추적한다. 그러나 총기 소유 문제를 다소 깊이 다루었을 뿐, 답을 제시하지는 않는다.

구별과 차별

우리 눈에는 비슷해 보이지만 캐나다와 미국의 차이, 이 두 나라가 왜 이렇게 다를까? 각자 나름의 답을 내릴 수 있을 텐데, 그중 하나는 '구별'과 '차별'이다.

미국은 성공한 사람과 실패한 사람의 구별이 확실하다. 성공한 사람의 삶은 화려하다. 그러나 실패한 사람의 삶은 나락으로 떨어진다. 떨어질 때 잡아주는 안전망이 약하기 때문이다. 한 번 낙오자가 되면 영원한 낙오자가 되기 쉽다.

이런 상황에서 역량이 떨어지는 이 두 졸업반 학생은 늘 같은 소리를 들었을 것이다.

"졸업하면 너는 끝이야. 영원한 낙오자야."

다큐멘터리 중간에 무어 감독은 캐나다의 고등학생 몇 명을 거리에서 만난다. 학교에 가지 않고 밖을 배회하고 있는 학생들이다. 학교에 안 가도 되느냐고 묻자, 이들은 학교에 있어 봐야 다른 아이들에게 방해만 된다고 했다. 미래가 걱정되지 않느냐 묻자, 이들이 웃으며 대답한다. 어떻게든 살아가게 될 것이라고. 영원한 낙오자의 빛이 그들의 표정에는 없다.

실제로 이 두 나라는 어떤 차이가 있을까. 우선 빈부 격차를 나타내는 처분가능소득 지니계수가 미국은 0.39이다. 사회불안이 극심해지기 시작한다는 0.40 바로 턱밑이다. 이에 비해 캐나다는 0.30으로 OECD 경제협력개발기구 국가 평균 0.32보다 낮다. 빈곤율, 즉 전체 인구 중 소득이 중위소득median income 50% 이하에 해당하는 사람의 비율이 미국은 18%, 캐나다는 12%이다.

사회비 지출social spending은 각각 GDP의 18% 정도로 비슷하다. 오히려 미국이 캐나다보다 약간 높다. 그러나 전체

조세수입은 미국이 국내총생산gross domestic products, GDP
의 24.5%이지만 캐나다는 OECD 국가 평균 33.8%에 가까
운 33.5%이다. 캐나다가 재정에 있어 여유가 더 있다는 말
이다.

실제로 캐나다에서는 모든 의료서비스가 무료이다. 이것
만으로도 의료비가 세계 최고로 비싼 미국과 큰 차이를 보
인다. 미국 사람들이 이 의료비로 받는 스트레스는 상상을
초월한다. 어떤 보험을 가지고 있느냐가 거의 신분이 되는
수준이다. 그런데 캐나다에서는 그런 게 없다. 아무리 큰
수술이라 해도 환자부담은 없다.

그리고 아이들이 18세가 될 때까지 소득수준에 따라 적
지 않은 양육비가 보조된다. 고등학교까지는 교육이 무상
이고, 소득이 적어 주거에 문제가 있을 때는 주거비 지원이
이루어진다. 은퇴 후의 복지도 좋아 '노인복지의 나라'로 불
리기도 한다. 전체적인 복지제도가 소득이 낮을수록 지원
이 많은 체계로 되어 있다.

북유럽 수준은 아니지만, 극단적 절망을 느끼지 않을 정
도의 안전망이 곳곳에 마련되어 있는 모습이다. 의료서비스
에서부터 '구별'과 '차별'로 특징지어지는 미국과 다른 모습

을 보여 주고 있다. 어떤가? 이러한 것이 인구대비 총기 숫자가 미국보다 많아도 총기사고가 없고, 대도시에서도 현관문을 잠그지 않고 사는 나라를 만들고 있는 것이 아닐까?

불평등, 자유의 '적(敵)'

제2장에서 소개한 토크빌의 말을 다시 한 번 불러오자.

> "사람들은 자유로운 상태 속에서의 평등을 추구할 것이나, 그것이 불가능한 경우에는 노예상태 속에서의 평등이라도 추구하게 된다(They call for equality in freedom, and if they cannot obtain that, they call for equality in slavery)."

남처럼 잘살고 싶은 욕구는 강렬하다. 내가 다른 사람처럼 잘살 수 있는 길이 있다고 하면 그에 상응하는 만큼의 자유를 포기할 수도 있다. 그 결과가 어떨까? 자유는 사라지고, 그 자리에는 국가권력이 들어온다. 그 국가권력은 어떤 모습일까? 토크빌의 말을 좀 더 들어보자.

중앙권력의 힘이 증가하고 공직자의 수도 늘어난다. 이들 공직자는 국가 안의 국가를 형성하며 과거 귀족이 누렸던 지위를 누린다. 귀족들이 지배하던 시절보다 더 개인의 일에 간섭하고 더 많은 일을 규제하고… 개인을 돕고 충고하고 강요하며, 스스로의 발판을 다져 나간다.

자, 물어보자. 무엇이 이렇게 과도한 국가권력을 불러들이게 하는가? 무엇이 자유주의 체제를 위협하는 것인가? 지나친 경제적 불평등, 이것이야말로 자유주의의 가장 큰 '적敵'이자 위협요인이다. 요즘 이야기가 아니다. 이미 오래전부터 그랬다. 심지어 계급구조가 당연한 듯 받아들여지는 사회에서도 빈곤과 궁핍은 언제나 화를 불렀다. 사회주의 혁명이나 공산주의 혁명이 모두 그런 것 아니겠나.

우리의 분배 상황 : 1차 분배

지니계수와 소득5분위 배율

우리의 분배 상황은 어떤가? 흔히 경제적 불평등을 측정하는 지수로 지니계수Gini coefficient 와 소득 5분위 배율 income quintile share ratio 을 사용한다. 지니계수는 로렌츠 곡선Lorenz curve 을 사용하는 지수로 결과는 0과 1 사이에 놓인다. 불평등이 심할수록 숫자가 높아진다. 소득5분위 배율은 상위 20%의 평균소득을 소득 하위 20% 평균소득으로 나눈 수치이다.

우리의 경우 지니계수는 시장소득market income 의 경우 0.40 정도가 된다. 즉 세금과 연금 그리고 의료보험 등 의무적으로 지출해야 하는 것을 내기 전의 소득, 또 국가로부터 아무런 지원을 받지 않은 상태의 내 소득 그 자체의 계수가 그렇다는 것이다. 통상 0.4 이상이면 불평등 정도가 심하다고 하는데, 우리의 시장소득 지니계수가 딱 그 숫자이다. 소득5분위 배율은 11.56, 상위 20%의 수입이 하위 20%보다 11배 반 정도 된다는 이야기이다.

국가에 의한 재분배가 이루어지고 난 다음은 어떻게 될까? 다시 말해, 세금 연금 사회보험 등을 다 내고, 또 국가에서 지원받을 것 다 받고 난 다음의 수입, 즉 처분가능소득의 경우이다. 이 경우 지니계수는 0.34, 소득5분위 배율은 6.25로 떨어진다. 복지지출 확대 등으로 국가에 의한 재분배가 상당한 영향을 미치고 있음을 알 수 있다.

보기에 따라 불평등 정도가 심하지 않다고 느낄 수 있다. 특히 처분가능소득의 경우가 그렇다. 지니계수만 해도 최근 몇 년간 다소 높아졌지만 OECD 국가 평균 0.32에서 아주 멀리 있지는 않다. 우리 뒤에 0.36의 영국도 있고 0.39의 미국도 있다.

그러나 이것만 봐서는 우리 사회의 불평등 정도를 알 수가 없다. 우선 처분가능소득은 시장소득에서 세금과 연금 그리고 사회보험 등을 뺀 금액을 말하는데, 우리의 경우 이러한 의무지출보다 더 '의무적'인 지출이 있다. 학생 1인당 평균 43만 원 정도 지출하는 사교육비와, 가구당 평균 13만 원 정도 지출하는 것으로 알려진 통신비가 그 대표적인 예이다.

스스로 통제하기 힘든 이러한 지출까지를 고려하면 우리의 지니계수는 훨씬 더 높아진다. 사교육비만 해도 소득이 높은 사람들에게는 큰 영향을 미치지 않겠지만, 그렇지 못한 사람들에게는 소득의 상당 부분이 빠져나가는 효과가 발생하기 때문이다. 통신비도 마찬가지, 소득에 대한 탄력성이 낮아 고소득 가계에는 별 영향이 없지만, 저소득 가구에는 상당한 부담을 주게 된다.

아울러 지니계수와 소득5분위 배율은 소득 불평등 지수이지, 자산 불평등 지수는 아니다. 엄청난 부동산을 가지고 있어도 임대수익이 발생하지 않으면 지수계산에 아무런 영향을 미치지 않는다. 전체 가구 중 40%가 집이 없는 반면, 상위 10%가 자산 가격 기준으로 전국 부동산의 50% 가까이 소유하고 있는 나라이다. 하지만 이러한 자산 불평등은 지니계수에 제대로 반영이 되지 않는다.

실제로 몇 년 전 민주노동당이 국회예산정책처로 하여금 자산 불평등 지니계수를 측정하게 한 적이 있다. 그 결과, 0.71이 나왔다. 엄청난 숫자이다. 이것이 만일 매일 혹은 매달 체감하는 소득 불평등 지수였다면 혁명이 나도 몇 번은 났을 것이다. 바로 느끼지 못하는 자산 불평등이었기에 다행이지.

분절(分節)과 양극화

분배에는 1차 분배와 2차 분배가 있다. 1차 분배는 시장을 통해 이루어지는 분배를 말한다. 기업이 사람을 고용하여 월급 주고, 그 월급 받은 근로자가 시장에서 물건을 사면서 상인에게 이익을 남겨주고 하는 것 등이 모두 이에 해당한다. 2차 분배는 국가가 세금을 거두어 돈을 만든 후, 이 돈을 소득이 낮은 사람을 중심으로 나누어 주는 것을 말한다. 복지를 포함한 각종의 사회정책 행위가 이에 해당한다.

1차 분배가 원활하게 잘 이루어지는 경우, 국가는 그만큼 부담을 덜 수 있다. 하지만 우리의 경우 이것이 잘 안 되고 있다. 앞서 소개한 대로 시장소득 지니계수가 0.40 정도, 소득5분위 배율이 11.56 정도이다. 결코 낮은 숫자가 아니다. 그러나 이보다 중요한 것은 자산 불평등 등 이러한 숫자에 나타나지 않는 불평등이 더 크다는 점이다.

어쨌든 1차 분배의 가장 큰 특징 중의 하나가 '분절'이다. 즉 서로 끊어져 갈라져 있는 것이다. 특히 소득뿐만 아니라 자산까지를 포함할 때 더욱 그렇다. 정규직과 비정규직, 수도권과 비수도권, 모기업과 협력회사, 대기업과 중소기업 등 어느 그룹에 속해 있느냐에 따라 소득과 자산형성에 있어 큰 차이가 난다.

집값은 그 대표적인 경우이다. 서울을 비롯한 수도권의 아파트 값은 천정부지로 오르는데, 지방의 아파트나 집값은 변화가 없다. 심지어 서울시내 안에서도 강남과 강북이 다르다. 어디에 사느냐에 따라 재산 늘어나는 것이 작게는 몇 배에서 크게는 몇 십 배 차이가 난다. 일례로 2020년 한국지방세연구원이 발표한 자료에 따르면, 압구정동의 한 아파트의 평당 가격이 7천만 원을 넘는 데 비해, 전남 고흥군의 한 아파트는 평당 70여만 원이다. 무려 100배 차이가 난다.

재산을 가진 사람과 가지지 못한 사람 간의 부익부 빈익

빈 현상도 점점 심해지고 있다. 말하자면 양극화다. 시중 유동성이 M2광의통화 기준으로 2000년에 690조 원이던 것이 2010년에는 1,640조 원, 2017년에는 2,470조 원, 2021년 5월에는 3,400조 원이 되었다. 그 결과가 어떻겠나. 부동산이든 주가든, 아니면 가상화폐든 그림이든, 뭐가 올라도 오르지 않았겠나. 재산소득이 하늘로 치솟으며 양극화를 심화시키고 있는데, 보통 국민의 근로소득은 바닥을 기고 있다. 일하고 싶은 마음이 있겠는가?

대기업과 중소기업의 분절현상도 뚜렷하다. 우선 영업이익률부터 차이가 난다. '코로나-19' 이전의 경우 대기업의 영업이익률은 통상 7~10% 정도, 이에 비해 중소기업은 4~5% 정도였다. 대기업 중소기업 할 것 없이 7% 안팎의 영업이익률을 보이는 유럽 국가들과는 상당한 차이를 보이고 있다. 독일 같은 경우는 오히려 중소기업의 영업이익률이 더 높을 때가 많다. 영업이익률이 달라서 그런지, 종사자의 임금도 다르다. 대기업 종사자의 임금이 100이라면 중소기업 종사자의 임금은 55정도에 그친다. 반이 겨우 넘는 수준이다.

정규직과 비정규직의 임금 차이도 크다. 정규직이 100이라면 비정규직은 72정도를 받는다. 그나마 10년 전에는 60정도 받았다. 이 정도까지 오게 된 것도 천만다행이다. 동일노동 동일임금의 원칙조차 지켜지지 않는 상황이니 오죽하겠나. 심지어 늘 정의와 공정을 이야기하는 대학에서조차 이 '분절'의 문제는 심각하다. 정규직 교수와 비정규직 교수 간의 임금 격차가 제조업이나 다른 서비스업보다 더 심하다. 아이러니가 아닐 수 없다.

이러한 '분절'이 의미하는 게 무엇인가. 우선 하나, 불평등 구조의 심화, 즉 양극화가 점점 더 심해질 가능성이 크다는 것이다. 수도권과 비수도권의 불균형, 대기업과 중소기업의 불균형, 정규직과 비정규직의 불균형, 그리고 무엇보다도 자산 불평등이 극심한 가운데, 재산소득 또는 자산소득이 크게 늘어나고 있다는 사실이 이를 말해 주고 있다.

또 하나, 이런 불평등과 양극화는 많은 사람에게 상대적 박탈감을 안겨준다는 사실이다. 자신의 의지나 능력과 관계없이 한 쪽 끝으로 내려앉고 있다는 사실에 대해 심한 분노를 느끼기도 할 것이다. 아니면 스스로 '주변인marginal man'으로 전락하기도 할 것이고. 어쨌든 세상은 그만큼 어지럽고 혼란스러워진다.

배제와 소외 1 : 노인

'분절'과 함께 또 하나 지적할 수 있는 현상은 배제와 소외이다. 사회 구성원 중 상당수가 시장을 중심으로한 1차 분배 구조로부터 배제되고 소외되어 있다. 그 대표적인 경우가 65세 이상 노인이다. 모두 860여만 명, 전체 인구의 16.7%가 된다.

이들 대부분은 시장소득이 없다. 자산도 가진 경우보다 가지지 않은 경우가 훨씬 더 많다. 국가에 의한 2차 분배가 이루어진 다음에도 빈곤율이 43.4%, 즉 다섯 명 중 2명 이상이 중위소득 50% 이하의 수입으로 살아가고 있다. 단연 세계 최고로, OECD 국가 평균인 26%의 두 배가 넘는다. 1년에 2만 명 가까이가 총에 맞아 죽는 험한 나라 미국도 23.1%, 문을 열어놓고 사는 나라 캐나다는 11.9%이다. 참고로 2021년 현재 4인 가족 기준 중위소득은 488만 원 정도, 그 반 이하면 빈곤층으로 간주된다.

가족이 보험의 역할을 해 주던 시기에는 그래도 좀 나았다. 가족들이 이들의 고통과 어려움을 덜어주었기 때문이다. 그러나 수명이 연장되면서 상황이 크게 달라졌다. 80~90대 노인 부모를 뚜렷한 소득이 없는 60~70대 자식이 모셔야 할 형편이니 이를 어떡하겠나. 게다가 전통적인 가족의식 또한 약화 일로에 있다. 돌봄과 배려의 선이 끊어지고 있다. 이들의 고통이 더해질 수밖에 없다.

그러다 보니 노인자살률이 인구 10만 명당 60명 가까이 된다. 19명 정도인 OECD 국가 평균의 3배가 넘는다. 이 또한 단연코 1위이다. 이들의 자살하는 가장 큰 이유는 경제적 어려움이다. 그리고 건강과 외로움에 따르는 정신적 고통이다. 모두 사회복지와 사회적 배려와 관련된 부분이다.

이 부끄러운 현실을 어떻게 바로 잡을 것인가? 이들의 죽음 하나하나를 광화문 광장에 모인 백만 명의 함성으로 들어야 한다. 이들의 고통 하나하나를 콜럼비아 고등학교 총기사건의 총성 하나하나로 들어야 한다. 죽어 세상을 떠났다고 끝이 아니다. 이들은 죽음으로 우리에게 메시지를 던지고 있다. '이 노인들을 이대로 둘 것인가?' 분배담론에 약한 보수집단은 이 메시지를 특별히 소중하게 들어야 한다.

배제와 소외 2 : 청년

노인만 시장과의 연결이 끊어진 것이 아니다. 상당수의 청년도 1차 분배 구조로부터 배제되거나 소외되어 있다. 일자리를 찾을 수가 없기 때문이다.

청년은 주로 일자리를 통해 1차 분배구조, 즉 시장과 연결된다. 그런데 최근 이에 큰 문제가 생겼다. 투자하고 생산해도 일자리가 늘지 않는 것이다. 소위 '고용 없는 성장' 현상이다. 약 20년 전인 2000년대 초반에는 취업유발계수, 즉 10억 원의 생산이 이루어졌을 때 직·간접으로 늘어나는 일자리 수가 25개 정도였다. 그러던 것이 2010년대 초반에는 15개 정도로 줄어들더니, 지난해인 2020년에는 10개 남짓으로 떨어졌다. 20년 사이에 무려 60%가 줄어든 것이다.

자동화와 전산화 등의 영향인데 이러한 추세는 점점 더 강화될 것으로 보인다. 인공지능이 빠르게 발전하고 있는데다, 노동규제도 까다로워지고, 노동임금까지 빠르게 상승하고 있기 때문이다. 우리의 경우는 기업들이 생산기지를 미국과 유럽 등 소비시장 가까운 쪽으로 옮기는 경향까지 있어 문제는 더욱 심각하다.

《노동의 종말The End of Work》을 쓴 미래학자 제레미 리프

킨Jeremy Rifkin은 조만간 대규모 고용great employment이 한 번 일어날 수 있을 것이라 말한다. 태양열을 이용하기 위한 건물의 개축 등 '스마트 경제 인프라' 구축을 위해서란다. 하지만 그 이전과 이후의 고용문제는 심각할 수밖에 없을 것이라 경고한다. 다음은 그의 말이다.

"우리는 지금 생산 자동화의 시대로 진입하고 있다. 노동자가 거의 없는 경제를 향한 길이 시야에 들어오고 있다."

'노동자가 거의 없는 경제,' 그것은 아직 미래의 일이라 치자. 하지만 지금 당장 일자리가 없는 청년들의 문제는 심각하다. 청년 실업률이 10~11%, 그러나 더 일하고 싶어 하는 취업자와 잠재 구직자를 포함하는 체감실업률은 26%, 청년 4명 중 한 명이 여기에 해당한다. 여기에 과도한 대학진학률과 대학원진학률, 그리고 이로 인해 반영되지 않는 사실상의 실업 등을 종합하면, 이 문제는 더욱 심각해진다. 시장과의 연결이 끊어진 청년들, 이들 중 상당수는 '3포' '5포' '7포'를 넘어 미래까지 포기하고 있다.

배제와 소외 3 : 영세자영업자

시장을 중심으로 한 1차 분배는 일자리에 이어 소비를 통해서도 이루어진다. 기업은 협력회사가 생산한 재화와 서비스를 소비함으로써 그 이익을 나누고, 사업자와 임금노동자 또한 일상적인 소비생활을 통해서 이를 판매하는 사람에게 자신의 소득을 이전한다.

이와 관련하여 전체 고용인구의 25% 정도가 되는 자영업자 문제는 매우 중요하다. 최근 들어 그 수가 다소 줄어든 것으로 나타나는데, 이것은 산업체 고용 등이 늘어난 결과가 아니다. 이익이 나지 않아 문을 닫고 시장에서 아예 사라진 경우가 더 많다. 그래서 더 가슴이 아프다. 어쨌든 지금 현재의 비율로도 6% 정도인 미국의 4배, 10%인 일본의 2.5배가 된다. 다른 나라 같으면 하나 있을 커피집이 3~4개 있고, 하나 있을 치킨집이 2~3개 있다는 이야기이다. 그만큼 어려운 상황에 있다.

사실, 이들 중 상당수는 실업급여 등 사회안전망이 잘 발달해 있거나 평생교육 체계가 잘 발달해 있으면 '실업'에 머물고 있을 사람들이다. 즉 실업 상태에서 새로운 지식과 기술을 습득하고, 그러다 새로운 산업이 출발하면 그리 옮겨가고 해야 할 사람들이다. 그러나 우리의 경우 이러한 체제가 잘 확립되어 있지 않다. 그 결과 적지 않은 사람들이 무리해서라도 가게나 사무실을 열지 않으면 안 되는 상황이 된다. 어쩔 수 없이 뛰어든 경우가 많다는 뜻이다.

최근 들어 이들의 어려움이 가중되고 있다. 전자상거래와 유통망의 발달로 모든 것이 대기업 중심으로 흐르고 있기 때문이다. 이를테면 프린트 용지 한 묶음도 대형 유통 포털에 주문하고, 책도 과일도 전자상거래를 통해 구입한다. 동네 서점도 죽고, 동네 문방구도 힘들어지고, 동네 과일가게도 한숨만 쉬어야 하는 상황이 전개되고 있다.

기술변화가 심해서이겠지만 이러한 변화는 그야말로 순식간에 일어난다. 변화가 일어나는 것 같은 감을 가질 때쯤이면 세상은 이미 저 멀리 가 있다. 10년 전인 2011년, 국내 전자상거래 시장규모는 약 29조 원 정도였다. 그러던 것이 2015년에는 54조 원, 2020년에는 161조 원으로 늘어났다. 변화의 속도가 그렇게 빠르다. 그리고 이 시장의 50% 정도를 네이버쇼핑 쿠팡 등 4~5개의 업체가 차지하고 있다.

그나마 적응력이 있는 사람은 이들 대기업 포탈에 상품을 올려 판매한다. 또 이를 새로운 기회로 삼기도 한다. 그

러나 이에 대한 적응력이 약한 영세자영업자 대부분은 소
비시장과 연결되었던 파이프라인이 끊어지고 막히고 하는
것을 속수무책으로 바라보고 있다. 배제와 소외, 우리 경제
의 변방에서조차도 밀려나고 있는 것이다.

분배담론과 보수

'난쏘공'의 메시지

분절, 배제, 소외의 문제를 그냥 둘 것인가? 특히 노인, 청년, 영세자영업자 등 많은 사람이 '주변인margin man, margin people,' 즉 체제의 주변부로 밀려나 소외되거나 일탈적인 삶을 살아가야 하는 사람이 되어 가고 있다. 진보와 보수를 떠나 이를 그대로 두고 볼 수는 없다.

조세희의 《난장이가 쏘아올린 작은 공》을 읽은 사람은 기억하리라 믿는다. 노력해도 끝내 희망을 발견하지 못하는 사람은 두 가지 선택을 하게 된다. 하나는 난쟁이의 선택이다. 그는 더 이상 희망이 없는 땅을 '죽은 땅'으로 규정한 후, '달나라'로 가기로 한다. 동네 벽돌공장의 높은 굴뚝 위에 올라가 달나라를 향해 공을 던져 올리고, 딸에게 손을 흔든 후, 내려오는 그 공을 올라탄다. 비극적 종말, 더 이상 참혹할 수가 없다.

두 번째 선택은 난쟁이의 아들과 딸의 선택이다. 굴뚝 아래 떨어진 아버지의 죽음 앞에서 통곡하던 여동생 영희가 큰오빠에게 말한다.

"큰오빠는 화도 안 나? 아버지를 난쟁이라고 부르는 악당은 죽여 버려."

오빠가 답한다.

"그래, 죽여 버릴게."

이어지는 두 남매의 다짐, '꼭 죽여.' '그래, 꼭.' '꼭.'

죽거나 죽여 버려라. 무섭도록 참혹한 이야기에 무섭도록 강렬한 메시지. 그러나 이것이 개발시대를 다룬 소설 속의 이야기이기만 할까? 난쟁이의 죽음 위에 노인자살률 세계 1위의 현실이 떠오르지 않는가? 1년에 전체 가게의 10분의 1에 해당하는 8천 개가 문을 닫는 치킨 집, 폐업 후 헐값에 넘긴 주방기구가 실려 나가는 것을 보고 있던 주인의 한마디, '더러운 세상…' 그 한마디에 두 남매의 다짐이 떠오르지 않는가?

그리고 이 위에 다시 겹쳐지는 토크빌의 언명.

"사람들은 자유로운 상태 속에서의 평등을 추구할 것이나, 그것이 불가능한 경우에는 노예상태 속에서의 평등이라도 추구하게 된다."

이 상황을 그대로 두고 자유주의와 자유민주주의를 이야기할 수는 없다.

분배담론 없는 '사이비 보수'

진보든 보수든 이제 분배담론이 없으면 안 된다. 하지만 유감스럽게도 보수집단은 이 문제에 있어 취약하다. 잘살고 못사는 문제를 여전히 사회적 책임이나 국가적 책임이 아닌 개인적 책임으로 인식하는 경향이 있다. 적지 않은 사람들이 시장체제 밖으로 밀려나고 있고, 이로 인해 우리 사회 전체가 흔들릴 수 있다는 사실에 대한 인식이 약한 것이다.

최근 들어 다소 변화가 있기는 하다. 기본소득에 대한 관심이 그 좋은 예이다. 그러나 여전히 소극적인 자세가 주류를 이룬다. 매표행위에 가까운 돈 뿌리기 등 진보정권의 잘못을 지적하지만, 그 대안이 무엇인지에 대한 담론은 약하다. 달리 그런 것이 아니다. 보수집단 입장에서는 이 문제에 크게 신경 쓰지 않아도 되는 세월을 살아왔기 때문이다.

다른 무엇보다도 우리 경제는 오랫동안 수출 중심의 구조를 유지해 왔다. 내수 중심 구도였다면 소비대중의 구매력에 신경을 썼을 것이고, 이를 강화하기 위해서라도 분배 문제에 관심을 기울였을 것이다. 소비가 없으면 생산 또한 있을 수 없기 때문이다. 그러나 수출주도 구도에서는 그럴 필요가 없었다. 오히려 노동임금을 낮추어 수출상품의 가격 경쟁력을 높이는 것이 더 중요한 일이었다.

아울러 자본과 노동만 투입하면 그럴듯한 생산이 일어나는 요소투입형 경제를 오랫동안 경험했다. 필요한 노동은 대체로 단순노동이었고, 기계도 복잡한 지식이 필요 없었다. 기술 또한 남이 쓰던 것을 가져다 쓰면 되었다. 상대적으로 사람이나, 그 사람이 가진 지식과 정보를 귀하게 여기지 않아도 되는 경제였던 셈이다.

하나만 더 이야기하자. 가족 등 전통적 공동체가 전통적 안전망으로서의 기능을 담당해 왔었다. 특히 부모와 자식은 자신의 모든 것을 희생해서라도 서로를 돌보아야 하는 도덕적 의무가 있었다. 그리고 이러한 도덕체계는 오랫동안 비교적 잘 작동했다. 분배문제에 대한 국가 차원의 걱정을 덜어주었다는 말이다.

그러나 이제 이 모두가 지나간 세월의 이야기이다. 우선 내수시장이 중요한 의미를 지니게 되었다. 2010년대 초에는 국민총생산에 대한 수출의 비율, 즉 수출의존도가 50~55%에 이르렀다. 하지만 10년이 지난 2020년에는 33%에 그치고 있다. 내수시장의 비중이 그만큼 커졌다는 이야기이다. 당연히 이것이 잘못되면 우리 기업과 경제도 그만큼 힘들 수밖에 없게 되었다.

비중이 높아진 것만 중요한 게 아니다. 내수시장은 기업의 경쟁력 강화와도 직결되어 있다. 세계시장에서의 경쟁이 점점 더 치열해지는 상황에서, 내수시장은 기업 경쟁력 강화를 위한 인큐베이터와 테스트베드의 역할을 하기 때문이다.

또 경제도 혁신주도형으로 전환되고 있다. 더 이상 자본과 노동만으로 생산하는 시대가 아니다. 자본과 노동 위에 각종의 지식과 정보, 그리고 기술과 창의력 등이 융합되면서 생산이 일어나고 있다. 당연히 혁신역량이 높은 근로자와 노동자가 필요한 상황이고, 그런 만큼 이를 받쳐줄 수 있는 분배구도가 중요한 의미를 지니게 되었다.

자유주의 체제를 유지하기 위해서는 물론, 성장을 위해서도 분배문제는 대단히 중요하다. 노인 청년 영세자영업자 등이 시장체제 내에 단단히 편입이 되어 있는 상태라면 그나마 '보이지 않는 손' 운운할 수도 있다. 그러나 이들은 시장과의 연결고리가 끊어져 있거나, 아니면 그 고리가 점점 더 약해져 가고 있다. 아예 시장 밖에 존재하다시피 하는 사람이나, 그 고리가 점점 약해져 가는 사람을 시장에 맡겨 둔다는 것은 말이 되지 않는다.

보수는 무엇을 목표로 하는가? 우리 사회의 건강성 안정성 성장성을 유지하며, 자유민주주의 체제와 시장경제 체제를 잘 발전시켜 나가는 것 아닌가? 분배문제는 이러한 목표를 밑바닥부터 흔들 수 있다. 당연히 이에 대한 보수 버전의 분배담론이 있어야 한다. 그렇지 못한 보수는 '사이비 보수'라 해도 틀린 말이 아니다.

9

———

안전망이 갖추어진
자유주의 체제

양극화가 심한 가운데 일자리조차 늘지 않는 세상, 이런 세상에 있어 분배담론은 자유주의체제를 지키는 '수호천사'가 된다.

그러나 '보수'의 분배담론은 보수 버전이어야 한다. 무엇보다 중요한 것은 1차 분배, 시장에서의 불평등을 조장하는 정의롭지 못하고 공정하지 못한 질서를 바로 잡아야 한다. 그러기 위해 보수 스스로 정의롭고 공정해야 한다.

2차 분배를 위해서는 세율인상과 규제완화를 교환하는 대타협을 통해 사회비 지출 규모를 파격적으로 늘려가야 한다. 기업과 공동체는 보다 자유로운 활동을 할 수 있게 하고, 국가는 이들로부터 거두어들인 재정으로 시장과의 연계가 끊어진 이들에게 안전망을 제공하는 것이다. 성장과 분배가 조화롭게 일어나는 세상, 시장 공동체 국가가 함께 나는 자유로운 세상을 꿈꾼다.

수호천사 만들기 : 보수 버전 분배담론의 원칙

앞서 이야기한 분절, 배제, 소외의 문제는 그 뿌리가 깊다. 쉽게 사라지지 않음은 물론 점점 더 심화될 것이다. 이를 풀거나 완화시키지 못하면 자유주의 체제는 성립하지 못한다. 아니, 성립해도 오래 유지되지 못한다. 그 체제가 보장하는 자유는 가진 자와 기득권자만의 자유가 될 것이고, 그 결과 체제 자체가 국민의 '공적公敵'이 되어 무너질 것이다.

이런 점에서 바르고 단단한 분배담론은 자유주의 체제의 기반이자 수호천사라 할 수 있다. 흔히 분배담론은 자유주의 체제와 무관하거나, 아니면 대립되는 개념으로 받아들여지곤 한다. 하지만 오늘과 같이 양극화가 심화되고 사회 구성원의 상당수가 시장을 중심으로 한 1차 분배 구조에서 배제되거나 소외되는 사회에서는 더 이상 그런 관계가 아니다. 또 그런 관계가 되어서도 안 된다. 순수한 자유주의 그 자체만으로는 구조화 되어 가는 분절, 배제, 소외의 문제를 풀거나 완화할 수 없다.

문제는 그럼에도 불구하고 분배를 위한 담론이 자유주의의 기본정신을 훼손해서는 안 된다. 이 점에 있어 우리는 자유주의의 수호천사, 이 분배담론을 시작하기 전에 다음 세 가지를 분명히 할 필요가 있다.

첫째, 잘살고 싶어 하는 인간의 욕구, 특히 남처럼 잘살고 싶어 하는 욕구의 강렬함을 잊어서는 안 된다. 그 욕구가 채워지지 않고 불만이 쌓이는 순간, 어떤 체제든 그 내용이나 형태와 관계없이 흔들리게 되어 있다.

둘째, 자동화에 따른 일자리 축소와 고령화의 진전 등 시장중심의 1차 분배에 원천적으로 참여할 수 없는 인구가 빠르게 늘어나고 있다는 사실을 잊어서는 안 된다. 생산이나 소비과정에 아예 들어와 있지 않거나, 사각지대死角地帶에 놓여 있는 사람들이다. 이들에 관한 한 시장은 기능을 할 수가 없다. 국가가 '보충적' 역할을 해야 한다.

셋째, 그럼에도 불구하고 분배담론은 '보충성의 원칙,' 즉 국가는 시장과 공동체가 할 수 없는 일을 하는 데 머물러야 한다. 2차 분배인 재정투입보다 1차 분배인 시장 안에서의 불합리를 제거하는 데 더 큰 관심을 기울여야 하며, 재정투입에 있어서도 관료기구의 관여를 되도록 줄이는 방식이어야 한다는 말이다.

1차 분배의 개혁 : 불평등과 양극화 문제

1차 분배의 중요성 : 경제적 불평등의 문제

앞 장章에서 이야기한 바와 같이 분배에는 시장과 공동체를 중심으로 이루어지는 1차 분배와, 국가가 세금을 거두어 배분하는 재분배로서의 2차 분배가 있다. 어느 것이 더 중요하나? 2차 분배도 중요하겠지만 1차 분배가 그보다 몇 십 배, 몇 백 배 더 중요하다.

달리 그런 것이 아니다. 2차 분배는 몇 가지 점에서 그 한계가 분명하기 때문이다. 우선 2차 분배는 주로 저소득층의 기본적인 생활을 보장하기 위한 복지정책의 일환으로 운영된다. 즉 사회안전망과 관련된 것으로, 일정 소득 이상의 사람들 사이에서 일어나는 경제적 불평등을 교정하는 효과는 제한적일 수밖에 없다.

물론 대규모로 이루어지는 경우 불평등 문제에 있어서도 상당한 효과를 얻을 수 있다. 이를테면 부자들로부터 세금을 왕창 거두어서 저소득층뿐만 아니라 중산층까지 확 뿌려주는 것이다. 그러나 어떻게 그럴 수가 있겠나. 현실적으로 불가능할 뿐만 아니라, 설령 가능하다 해도 그 지속가능성은 제로에 가깝다. 국민의 복지 의존성만 높아가는 가운데, 일하고 생산하는 사람은 점점 사라져 갈 것이다. 아래에서 조금 더 이야기해 보자. 요점은 이것이다. 1차 분배가 중요하다.

《21세기 자본Capital in the 21st century》을 쓴 프랑스 경제학자 토마 피케티Thomas Piketty는 연소득 50~100만 불 이상의 소득자에 대해 80%의 소득세 세율을 적용하자고 주장한다. 그렇게 하지 않고는 경제적 불평등을 해소하기 어렵다는 취지다.

문제제기는 이해하고도 남는다. 경제적 불평등 내지 양극화가 더 이상 용인하기 힘든 상태까지 왔기 때문이다. 또 그의 말처럼 그런 고高세율 사례가 없었던 것도 아니다. 미국의 경우 경제공황 이후 소득세 세율을 계속 올렸고, 아이젠하워Dwight Eisenhower 대통령 시기에는 공화당 대통령임에도 불구하고 91%까지 올렸다. 그러고도 미국이 망하지 않고 건재했고, 경제도 오히려 더 좋아졌으니 그렇게 하자는 것이다. 한동안 한국의 일부 언론과 지식인이 '피케티 혁명' 운운하며 열광했던 부분이다.

하지만 91% 세율부터 그리 열광할 문제는 아니다. 결론부터 이야기하자면 당시 미국의 상위 1% 부자에게 적용된 세율은 40~45% 정도였다. 최근 10년 정도의 실제 적용 세율에 비해 10% 정도밖에 차이가 안 난다. 왜냐하면 우선 91% 세율의 적용대상이 당시 소득 20만 불 이상이었는데, 그 수가 1만 명 정도밖에 되지 않았다. 그리고 또 하나, 각종의 공제제도가 있어 소득의 상당 부분이 과세대상에서 이런 방식 저런 방식으로 빠져 나갔다.

그래도 40% 이상이니 꽤 높은 세율이었다고 할 수 있다. 하지만 이에 대해서도 하나 기억할 것이 있다. 당시의 미국 경제가 워낙 좋았다는 사실이다. 지금 미국은 세계 총생산의 15~16%를 생산한다. 그러나 당시, 즉 1950년대에는 40~50%를 생산했다. 제2차 세계대전 이후 생산이 가능한 나라가 미국뿐이라 해도 과언이 아닌 상태였기 때문이다. 호황 중의 호황, 그러니 기업과 부자들이 그 세율을 그리 부담스러워 하지 않을 수 있었다.

또 부담스러워 해 봐야 어쩔 도리가 없었다. 오늘과 같이 자본시장이 개방된 상태가 아닌데다, 대부분이 제조업 등 쉽게 보따리 싸서 움직이기 힘든 일에 투자하고 있었다. 다른 나라로 옮겨가고 싶어도 그럴 수가 없었다는 이야기이다.

그런데 지금은 어떤가? 많은 부자들이 펀드다 투자은행이다 주식이다 하며, 그때와 비교가 되지 않을 만큼 돈을 움직이기 쉬운 형태로 보유하고 있다. 그리고 자본시장이 개방된 상태라 서울에 있던 돈이 금방 뉴욕으로 갔다가 다시 런던으로 간다. 기업 역시 마찬가지이다. 자동화와 인공지능 활용으로 사람이 필요 없게 되면서, 언제 어디든 옮겨갈 수 있게 되었다.

그러니 어떻겠나. 국가 간의 조세경쟁tax competition이 있을 수밖에 없다. 일종의 호객행위를 하는 것이다. OECD 국가의 법인세corporate tax 평균 세율만 하더라도 2000년에 평균 32.5%이던 것이 2020년에는 23.5%정도로 내려왔다. 거의 모든 국가가 10% 가까이 내린 결과이다.

소위 신자유주의의 문제이다. 흔히들 이러면 안 된다고 하는데, 누구는 이러고 싶어서 여기까지 왔겠나. 신자유주의 질서는 '물러가라' 하면 물러가는 그런 존재가 아니다. 반드시 그 결점이 고쳐지고 완화되어야 할 체제이지만, 그렇게 쉽게 이야기해서는 안 된다는 말이다. 혹시 관심이 있으면 2012년에 쓴 《99%를 위한 대통령은 없다》를 한 번 읽어 주었으면 한다.

어쨌든 이런 상황에 소득세와 법인세와 같은 직접세를 피케티가 말하는 것만큼 올릴 수 있을까? 아차 하는 순간에 자본이 다른 나라로 이동할 것이고, 그러지 못한 자본은 투자를 줄일 것이다. 아니면 늘어난 조세부담을 제품가격에 반영하게 되고, 그만큼 제품의 가격 경쟁력은 떨어지게 된다. 외국 기업들이 이를 그냥 보고 있겠나. 이 기회를 놓칠세라 다른 나라에서 제조된 상품과 서비스를 들고 파고 들 것이다. 결국 경제는 어려워지고, 그 피해는 늘 그러했듯 가지지 못한 사람들에게 먼저 간다. 불평등이 오히려 심화될 수도 있다는 이야기이다.

하다못해 1950년대의 미국 상황이라면 조금 나을 수는 있다. 세계 총생산의 40~50%를 생산하던 그때 말이다. 그러나 지금은 미국조차도 그런 상황에 있지 않다. 어떻게 소득세 세율을 80%까지 끌어 올릴 수 있겠나. 꿈같은 이야기이다.

방법이 없는 것은 아니다. 피케티의 글로벌 부유세global wealth tax 주장처럼 온 세계가 다 합의해서 부과하기로 하면 된다. 결례가 되겠지만 한마디로 황당하다. 문제를 답으로 제시하고 있기 때문이다. 비가 오지 않아 고민을 하고 있는 사람에게 비만 오면 된다고 이야기하는 꼴이다. 국가 간의 그러한 합의가 이루어지지 않아 신자유주의 체제가 성립되었는데, 국가 간의 합의만 있으면 된다는 게 도대체 무슨 말인가?

또 정말 합의만 보면 되나? 유럽연합의 기초조약이라 할 수 있는 1992년의 마스트리히트 조약Maastricht Treaty을 보자. 이 조약에 서명한 국가들은 정부부채가 국내총생산 GDP의 60%를 넘지 않도록 하고, 한 해의 재정적자도 이의 3%를 넘지 않도록 한다는 데 동의했다. 그러나 2020년 현재, 정부부채 상황이 어떤가? 이태리 155%, 스페인 147%, 영국 144%, 오스트리아 89%, 그리고 그리스 236%… 룩셈부르크, 스위스, 덴마크, 네덜란드 정도를 제외하고는 모두 그 범위를 넘고 있다.

국가가 재정으로 하는 2차 분배는 그 재원을 마련하는 데서부터 그 한계가 이렇게 뚜렷하다. 잠시 후 다시 이야기 하겠지만 2차 분배를 하지 말자는 이야기가 아니다. 오히려 지금보다 더 강화해야 한다는 것이 이 책의 주장이다. 그러나 그 한계를 분명히 알아야 한다는 것이고, 그래서 1차 분배가 오히려 핵심이 되어야 한다는 사실을 분명히 하는 것이다.

투자 활성화와 일자리 문제

1차 분배와 관련하여 중요한 일 하나가 투자 활성화이다. 아니, 그건 성장을 위한 일 아니냐? 그렇다. 하지만 다른 한편으로는 분배의 가장 중요한 출발이다. 여러 가지 이유가 있겠지만 두 가지 이유에서 특히 그렇다.

먼저 투자를 통해 일자리가 만들어진다는 점에서 그렇다. 좋은 일자리, 누구나 맡고 싶은 일자리를 만들고 임금 賃金 을 지불하는 것이 경제적 가치를 배분하는 일차 파이프라인이 되기 때문이다. '고용 없는 성장' 현상과 함께 일자

272

리가 늘지 않거나, 계속 줄어들 수밖에 없는 상황이라 더욱 그렇다.

다행히 우리는 일자리 문제에 있어 파고들 공간이 있다. 서비스업이 대표적인 예이다. 우리의 경우 2020년 현재, 전체 고용에 있어 서비스업이 차지하는 비율이 70.3%이다. OECD 국가 평균 73.4%보다 다소 낮다. 무엇을 의미하는가? 이 부분에 있어 확장 가능성이 존재한다는 이야기이다.

특히 우리의 서비스업은 도·소매업과 요식업 등이 상당 부분을 차지한다. 후진적 모습으로 답답한 부분이다. 그러나 다른 한편으로는 새로운 가능성을 볼 수 있다. 금융, 의료, 문화, 관광 등에서 새로운 일자리를 만들어 낼 수 있다는 뜻이기 때문이다. 어떻게 투자하고, 어떻게 사람을 키우느냐에 따라 많은 것이 달라질 수 있다. 제조업 고용이 24.6%, OECD 국가 평균 21.9% 줄어들 가능성이 큰 상황에서 그나마 기대를 걸 수 있는 부분이다.

투자가 중요한 또 하나의 이유는 돈의 흐름을 바로 잡을 수 있기 때문이다. 2021년 5월 현재, 현금통화와 은행에 예치된 요구불예금 등을 주된 내용으로 하는 M1협의통화이 1,250조 원 정도이다. 2017년 790조 원 정도였던 것에 비해 무려 460조 원이 늘었다. M1에다 수익성 금융자산 등을 합친 M2광의통화도 마찬가지, 2021년 5월 현재 약 3,400조 원이다. 2017년의 2,500조 원 정도에서 무려 900조 원이 늘어났다.

돈은 어디로든 흐르게 마련, 이렇게 늘어난 유동성이 어디로 흘러갈까? 각종의 산업에 미래가 확실히 보이면 그 쪽으로 움직이겠지만 나름 안전한 곳으로 간다. '불패 신화'가 있는 곳, 바로 부동산 시장이다. 부동산으로 흘러갔다가, 이에 대한 규제가 심해지면 가상화폐 시장이나 그림시장 등으로 간다. 이것도 오르고 저것도 오르고, 그러면서 부익부 빈익빈의 양극화와 경제적 불평등이 끝없이 확대된다.

흔히 부동산을 잡으면 투기 문제가 해결될 것으로 이야기하는데 턱도 없는 소리다. 부동산을 잡으면 이 돈은 다시 다른 곳으로 이동하게 된다. 일종의 '풍선효과'인 셈이다. 가상화폐와 '블루칩' 그림을 넘어 포도주와 농수산물에 이르기까지, 곳곳으로 흘러들어가, 때로 부동산보다 더한 자산불평등과 소득불평등을 만든다. 최근의 '가짜 수산업자 사기사건'이나 '라임사태'나 '옵티머스' 사건이 무엇이겠나. 다 이런 흐름을 파고든 것이다.

방법은 하나다. 돈이 제대로 된 산업에 대한 투자 등 바람직한 방향으로 흐르도록 잡아 주어야 한다. 그래야 성장도 분배도 이룰 수 있다. 그렇지 않으면 성장이 안 되는 상황에서 양극화와 불평등은 더욱 악화되는, 가장 나쁜 조합이 나타날 수 있다.

물론 쉽지 않은 문제이다. 그러나 어떡해서든 해 내어야한다. 사람과 기술이 자랄 수 있는 사회경제적 환경을 만들고, 자본시장을 육성해 기업의 투자위험 부담을 덜어주어야 한다. 그리고 더없이 중요한 일, 혁명적 규제완화를 통해 기업과 개인 한 사람 한 사람의 상상력과 창의력 그리고 혁신역량과 도전정신이 살아날 수 있도록 해야 한다. 이것이 곧 분배의 시작이다.

시장에서의 공정과 정의

언제부터인가 대학에 단기 계약교수가 많아지기 시작했다. 정규직 교수와 달리 이들은 매년, 아니면 2~3년마다 재임용 계약을 한다. 그렇다고 해서 쉽게 잘려 나가는 것도 아니다. 한 번 임용되면 대체로 재임용되고, 또 재임용

된다. 말하자면 장기 비정규직인 셈이다. 정규직 교수와 하는 일이 다른 것도 아니다. 똑같이 강의하고 똑같이 학생지도도 한다. 말하자면 '동일노동'을 한다.

문제는 이 계약직 교수에 대한 처우이다. '동일노동'이면 '동일임금'이어야 하지 않는가? 그게 바로 대학에서 가르치고, 또 배우는 '공정'이고 '정의'아닌가? 그런데 이게 그렇지 않다. 학교에 따라 다르겠지만, 이들의 받는 급여는 경우에 따라 정규직 교수의 반도 안 된다. 한 과목 두 과목 가르치는 시간강사를 말하는 것이 아니다. '계약직'이긴 하지만 정식 전임교수를 말하는 것이다.

이 정의롭지 못한 구조가 대학뿐일까? 우리 사회 곳곳, 도처에 산재해 있다. 노동에 있어 '동일노동 동일임금' 만큼 공정하고 정의로운 것이 있던가? 그런데 왜 비정규직은 정규직 임금의 70% 정도를 받아야 하고, 중소기업 근로자는 대기업 근로자의 반 조금 넘은 임금을 받아야 하나. 우리 모두가 노동시장에 있어서의 가장 신성한 원칙을 깨고 있는 것이다. 정의를 입에 달고 살아가는 대학의 선생님들이 깨고, 대기업 노조가 깨고, 소위 진보라고 자처하는 정치집단이 이를 깨거나 묵인하고 있다.

너희만 깨느냐? 나도 깬다. 너도 나도 시장에서의 공정을 깨고 정의를 부순다. 대기업은 중소 협력회사의 기술과 노동의 값을 탈취하고, 모기업은 대리점을 압박하고, 검사 출신 판사 출신 변호사들은 전관예우를 당연시 여기고, 공정거래위원회, 금융감독원, 국세청 등의 권력기관 출신들도 퇴직과 동시에 '비싼 값'에 팔려나간다.

누가 이렇게 만들어 놓았나? 우리 모두가 공범일 수 있다. 하지만 많은 부분 그 책임은 국가와 국가권력에 있다. 대학만 해도 그렇다. 대학의 질을 통제하겠다고 나서는 교육부가 그 기준을 무엇으로 삼겠나. 교수들의 논문을 평가할 수도 없고, 강의의 질도 평가할 수도 없다. 그러니 어쩌겠나. 만만한 게 숫자로 나타날 수 있는 것이다. 그래서 뭐든 숫자로 센다. SCI 저널에만 실려 있으면 좋은 논문도 1편, 시시한 논문도 1편… 그러다가 그 숫자놀음이 '전임교수 1인당 학생 수'까지 온다. 그리고 이것으로 대학을 압박한다. 등록금 동결로 재정이 빠듯한 대학이 달리 어떻게 대응하겠나. 계약직 교수를 양산할 수밖에.

교수 1인당 학생 수를 어떻게 하든 대학 스스로 책임지면 안 되나? 매년 학생들과 학부모, 그리고 졸업생들을 고용할 기업 등이 그런 정보를 볼 수 있게 하고, 그들이 알아서 좋은 학교인지 아닌지를 판단하게 말이다. 하버드대학의 강의 영상을 보지도 못했나? 《정의란 무엇인가 Justice: What's the Right Thing to Do》의 마이클 샌델 Michael J. Sandel 교수가 1천 명씩을 놓고 강의한다고 해서 무슨 문제가 있던가?

전공에 따라서, 또 교육 목적에 따라서 교수가 학생 수보다 많을 수도 있고, 교수 1인당 학생이 백 명, 이백 명에 이를 수도 있다. 또 교수 대신 현장 경험이 있는 전문가들을 강사로 초빙해 강의를 하게 할 수도 있다. 아니면, 학생들을 현장으로 보내 현장기술자에게 교육을 맡길 수도 있다. 이 경우 전임교수가 많아야 할 이유도 없다. 요즘같이 지식이 대학 연구실이 아니라 현장에서 생산되는 상황에서는 이게 오히려 더 좋은 교육방식 아닌가?

도대체 무엇을 근거로 '교수 1인당 학생 수'라는 기준을 만들어 강요하나. 그렇게 해서 대학 안에 불합리한 '구별'과 '차별'의 신분질서를 만드나. 한 달 급여 100만 원으로 100명의 교수를 채용하든, 아니면 한 달 급여 1억 원으로 교수 한 명을 채용하든, 교육소비자와 사회가 이를 평가하게 하면 안 되나.

주변을 돌아보라. 곳곳에 공권력을 매개로 한 무수한 특권과 호혜의 네트워크가 만들어져 있다. 처음에는 공식적인 관계로 시작한 것이 어느 순간 호형호제하는 관계가 되고, 돈이 되는 정보가 오고가고, 서로 밀어주고 당겨주며 고리와 고리가 이어진다. 여기에 다시 학연과 지연 등이 매개역할을 하면서 거대한 특권과 호혜의 네트워크가 완성이 된다. 누구는 그 안에 들어가고, 누구는 그로부터 소외되고 배제되고, 그래서 세상은 다시 한 번 분절된다.

이렇게 해서 만들어진 불평등을 세금 거둔 돈으로 완화한다고? 도대체 얼마를 거두어 어디까지 뿌려야 그렇게 되겠나. 말이 되지 않는다. 공정과 정의가 무너진 1차 분배 구조는 그 무너진 공정과 정의를 다시 세움으로써 바로잡아야 한다. 세금 거둔 돈으로서가 아니라 말이다. 이것이 새로운 분배의 또 다른 시작이다.

어떻게 바로 잡을 것인가? 먼저, 이 문제에 대한 분명한 인식이 있어야 한다. 가볍게 들을 것 같아 다시 한 번 이야기한다. 성찰에 성찰을 거듭하고 그 위에서 이 문제를 분명히 뼈를 깎는 고통과 함께 인식해야 한다. 특히 보수는 그래야 한다. 보수의 기본이 무엇인가? 품격 아닌가? 말과 행동을 젊잖게 하는 것만이 품격인가. 이런 문제에 대해 입장을 분명히 하는 것이 품격이다.

보수는 오랫동안 이러한 구조 속에서 이익을 본 집단으로 인식되어 왔다. 소위 기득권집단이라는 것이다. 그래서 더욱 그래야 한다. 진보집단의 각종 비행과 비리가 하나하나 드러나고 있는 지금, 바로 지금 그렇게 해야 한다. 지방의원 한 사람을 공천하더라도 부정과 부패에 연루된 사람, 투기에 연루된 사람은 반드시 걸러 내어야 한다. 그가 천하 없는 사람이어도 그렇게 해야 한다.

그 다음, 자유주의 입장에서 개혁을 추진해야 한다. 특히 국가권력에 의한 왜곡을 찾아내어야 한다. 그리고 국가권력이 작용하던 그 자리에 이해당사자들 간의 상호견제와 협력이 기본이 되는 자율의 기제와 '자기책임'의 기제가 작동하도록 해야 한다. 근로자와 사용자가 상호견제·협력하고, 협력회사 근로자와 모기업 노동자가 상호견제·협력하고, 학생 학부모와 대학경영진이 상호견제·협력하는 자율과 '자기책임'의 구조를 만들어야 한다.

국가권력이 할 일은 이들의 활동에 직접 개입하는 것이 아니라, 이들 간의 힘의 균형을 맞추어 주는 일이다. 또 이

들 누구나 서로의 활동을 언제나 들여다 볼 수 있도록 투
명성을 높여주는 일이다. 권력이 있는 곳에는 유착이 있기
십상이고, 유착이 있는 곳에서는 왜곡과 불평등이 만들어
진다. 힘의 균형과 투명성, 이것으로 시장에서의 공정과 정
의를 세워야 한다.

9-3

2차 분배구조의 개혁

J. K. 롤링(Rowling)

"나는 일자리가 없는, 혼자 아이를 키우는 엄마였고, 노숙자를 빼고는 영국에서 가장 가난한 처지에 있었다. … 내가 가장 두려워하던 것, 그것 (실패)이 현실로 나타났을 때, 나는 오히려 마음이 놓였다. (실패를 했음에도) 나는 여전히 살아있었고, 사랑하는 딸이 있었고, 오래된 타자기 한대와 큰 아이디어도 있었다. 그 밑바닥이 내 인생을 다시 세울 수 있는 단단한 기반이 되었다(I was jobless, a lone parent and as poor as it is possible to be in modern Britain without being homeless,… I was set free, because my greatest fear had been realized, and I was still alive, and I still had a daughter whom I adored, and I had an old typewriter, and a big idea. And so rock bottom became a solid foundation on which I rebuilt my life)."

《해리포터Harry Potter》의 작가 J. K. 롤링Rowling이 2008년 6월 하버드대학 졸업식에서 한 연설의 일부이다. 감동적이다. 늘 실패를 두려워했던 사람, 그 실패가 현실이 되었을 때, 오히려 더 힘찬 인생을 시작할 수 있었다는 이야기이다.

무엇이 그 밑바닥을 그런 기반으로 만들어 주었을까? 다음은 그가 세금을 피하기 위해 다른 나라를 기웃거리는 사람이 되지 않고, 영국에 세금을 납부하는 당당한 영국시민이 되겠다며 한 말이다. 많은 젊은이들이 일자리로 인한 고통을 앓는 세상, 사실 위와 같은 롤링의 말 외에 무슨 말이 더 필요하겠나.

"나는 복지국가 영국에 빚을 졌다. … 내 인생이 바닥으로 추락했을 때, 영국의 사회안전망이 더 이상의 추락을 막아주었다(I am indebted to the British welfare state… It… was there to break the fall)."

구멍 뚫린 사회보험

우리는 어떨까? 우선 전체 사회비 지출_{social} spending의 규모를 보자. GDP_{국내총생산} 대비 12.2%이다. OECD 데이터베이스에 나타나 있는 것으로, 2019년 데이터를 바탕으로 한 것이다. 프랑스 31%, 핀란드 29.1%, 벨기에 28.9%, 덴마크 28.3% 등에 뒤지는 것은 물론 OECD 국가 평균 20.0%에도 크게 못 미친다. OECD 38개국 중 끝에서 4번째, 멕시코 칠레 터키 다음이다.

불과 10여 년 전만 해도 10% 안팎, 엄청 좋아진 것이 이렇다. 어쨌든 아직도 형편없이 낮은 상황, 그러다 보니 곳곳에 구멍이 뚫려 있다. 우선 사회안전망의 한 축인 4대 보험, 즉 국민연금, 건강보험, 고용보험, 산재보험 중 건강보험의 경우를 보자. 가장 중요한 것이 보장률인데, 2019년 기준으로 64.2%이다. 비급여 부문, 즉 건강보험이 커버하지 않는 진료까지를 포함한 전체 진료비 중 3분의 2 가까이 건강보험이 부담한다는 뜻이다. 나머지 3분의 1은 환자 본인부담이다.

다른 나라는 어떨까? OECD 국가 평균 보장률은 약 80%, 우리나라와 16%나 차이가 있다. 덴마크·아일랜드는

100%, 환자 본인부담이 없다. 폴란드·노르웨이·영국·스웨덴은 95% 정도, 환자가 5% 정도를 부담한다. 독일·프랑스 등은 본인부담 연간 상한제를 두고 있기도 하다. 1년에 우리 돈 몇 십만 원 이상 치료비를 내고나면 그 다음부터는 환자가 더 이상 부담하지 않도록 하는 제도이다.

고용보험이 지급하는 실업급여는 어떤가? 우선 소득보장률, 즉 실업자가 되기 전 받던 평균급여에 비해 실업급여를 얼마나 받느냐의 문제인데, 다른 나라에 비해 영 시원치 않다. 최근 50%에서 60%로 상향 조정되었지만 여전히 낮다. 참고로 덴마크 90%, 스웨덴·스위스·룩셈부르크가 80%, 네덜란드 75%, 스페인 70%, 포르투갈 65%, 독일 60%, 그리고 미국·캐나다·핀란드 등이 50%대이다.

지급기간, 즉 얼마나 오랫동안 지급하느냐는 더 문제다. 최근 이것도 보험가입 기간에 따라 90~240일 지급하던 것을 30일씩 늘렸다. 이를테면 보험가입 기간이 1년 미만인 경우 90일에서 120일로, 보험가입 기간이 10년 이상이고 50세가 넘는 경우에는 240일에서 270일로 늘렸다. 그러나 이 역시 다른 나라와 비해 그 기간이 짧다. 참고로 네덜란드 90~1,140일, 덴마크 730일, 스위스 260~520일, 독일 180~720일, 스페인 120~720일, 일본 90~360일, 미국 182~210일 등이다.

기간의 문제는 평생교육과 연계되면서 중요한 의미를 지닌다. 충분한 실업급여가 충분한 기간 주어지면, 다양한 연수 및 훈련기관에서 새로운 기술과 지식을 익히고, 그러면서 새로운 산업으로의 진출을 모색할 수도 있다. 그러나 우리의 경우는 이러한 일이 가능할 정도의 수준이 아니다.

사각지대, 즉 고용보험이 커버하지 못하는 영역은 많이 줄었다. 자영업자들이 보다 쉽게 가입할 수 있도록 해 주었고, 예술인도 가입할 수 있도록 했다. 또 보험설계사, 택배기사, 학습지 교사 등 특수형태 근로종사자들도 가입하도록 했다. 하지만 여기서도 여전히 풀리지 않고 있는 문제가 있다. 고용보험의 보호가 더 필요한 비정규직의 가입률이 여전히 50%가 되지 않고 있다. 어딘가 현실과 맞지 않는 무엇이 있는 것이다.

'저(低)복지'의 공적 부조

이러한 사회보험에 이어 다양한 공적 부조가 운영되고 있다. 기초생활보장제도는 그 중심이다. 근로능력이 없는 절대빈곤층을 위한 제도인데, 생계급여·의료급여·주거급여·교육급여·해산급여·장제급여·자활급여 등을 포함한다. 급여의 내용에 따라 중위소득의 30%, 40%, 45%, 50% 이하의 소득자를 대상으로 지급된다. 전 국민의 3.6% 정도인 190만 명을 대상으로 연 14조 원 정도의 예산이 투입된다.

이 외에도 차상위계층인 근로빈곤층을 위해 연간 3조 원 이상을 투입하는 근로장려세제, 소득 70% 이하의 65세 이상의 노인을 위한 기초연금, 장애인 연금, 육아와 보육을 위한 지원 등 많고도 다양한 제도들이 시행되고 있다. 보건복지부가 시행하는 세부 보조금 사업만 해도 생계급여를 필두로 줄잡아 3백 개는 된다.

그러나 얼마나 많은 제도와 프로그램이 운영되건 우리의 복지는 여전히 저低복지다. 공적 부조의 핵심인 기초생활보장제도만 해도 지원기준이 지원내용에 따라 중위소득의 30~50% 이하이다. 2021년 현재 4인 가구의 중위소득은

월 487만 원이다. 생계급여의 경우 지원 자격이 중위소득의 30%이하여야 하니까 4인 가구 소득이 146만 원 이하여야 한다. 소득이 얼마냐에 따라 지원액이 결정되는데 146만 원에서 모자라는 만큼 채워주는 방식이니까 어떤 경우에도 이를 넘지 않는다. 이 146만 원을 4인 가족이 나누면 1인당 36만 원 남짓이다.

물론 이 위에 다른 내용의 지원이 더해진다. 하지만 공적부조의 핵심 내용 중 하나가 이러하니 다른 지원의 내용 또한 어떠할지 짐작이 가리라 믿는다. 노인빈곤율 43.4%로 세계 1위, 매년 인구 10만 명당 24.6명이 자살하는 자살률 세계 1위의 국가, 이 부끄러운 기록이 그냥 얻어졌겠나.

이런 가운데 크게 우려하는 부분이 있다. 저소득 계층의 가계부채가 빠르게 증가하고 있다는 점이다. 2016년 말 GDP국내총생산의 87.3%였던 것이 2021년 초에는 103.8%가 되었다. 미국·영국·독일 등 세계 주요 국가들과 비교할 때 최소한 두 배 정도 빠른 것으로 보면 된다. 처분가능소득 대비 비율도 190.6, OECD 국가 중 7번째로 높은 상태에 있다.

문제는 저소득층인데, 통계청과 한국은행 그리고 금융감독원의 조사에 의하면 2020년 한 해, 전체 가계의 부채는 4.4% 늘어난 것에 비해, 소득 5분위 계층 중 소득이 낮은 1분위와 2분위는 각각 8.8%와 8.6% 증가한 것으로 나타났다. 앞서 이야기한 대로 어려울 때는 어려운 사람들이 더 어려워지는 것이다.

연관된 이야기가 되겠지만 20대 청년 등 젊은 세대의 부채도 늘어만 간다. 부모의 자산소유 정도가 낮을수록 더욱 그러한데, 대학생의 경우 평균 2~3천만 원의 빚을 지고 졸업을 하는 것으로 알려지고 있다. 빚에 눌린 상태에서 사회에 첫발을 내딛게 되는 것이다. 그나마 취업이 되면 다행인데, 이것 또한 쉽지 않으니 고통이 가중되고 있다.

2018년 1월, 〈중앙일보〉는 '청년부채 미스터리' 제하의 기사를 올렸다. 국가장학금을 연 3조 원 이상을 쓰고 있는데, 왜 대학생들의 부채가 줄지 않고 오히려 몇 년 새 두 배 가까이 늘어나느냐는 것이다. 이해가 가는 설명이 따르고 있는데, 그 내용이 너무 안타깝다. 한국장학회 등 대학생을 대상으로 저리융자를 해 주는 곳이 있으니까 부모가 자식의 이름으로 대출을 한다는 것이다. 기사는 부모가 이 빚을 갚지 못해 결국 연체에 빠진 한 젊은이의 사연을 싣고 있다. 우리 중 많은 사람이 이런 삶을 살아가고 있다.

안전망, 어디까지 가야 하나?

'수저계급론'이 가슴을 때리는 세상

사회안전망을 어디까지 확충해야 하나? 한마디로 말하기는 어렵다. 그러나 지금의 상태로는 안 된다. 세계 최악의 노인빈곤율을 언제까지 이대로 둘 것인가, 또 인구 10만 명당 24.6명, 20년 가까이 세계 최고를 기록하고 있는 자살률을 언제까지 안고 갈 것인가.

이 나라가 문명국이라면, 그리고 우리 스스로 문명국의 국민이라 생각한다면 이러한 모습에 대한 부끄러움이 있어야 한다. 앞 장^章에서 이야기한 것처럼 이들의 고통과 죽음 하나하나를 광화문 광장의 100만 명 함성으로, 또 콜럼바인 고등학교에서의 총성으로 들어야 한다.

더욱이 금 수저, 흙 수저, '수저계급론'이 국민 대다수의 가슴을 때리고 있다. 어떤 부모의 자식으로 태어나느냐가 곧 삶을 결정한다는 차디찬 믿음, 이것이 정설이 되어 우리 사회를 떠돌고 있다. 다보스Davos 포럼을 주관하는 세계경제포럼World Economic Forum도 2020년 조사를 통해 우리의 사회유동성social mobility, 즉 부와 지위의 상하이동성을 세계 25위로 평가했다. 글로벌 사회에서 우리가 가진 지위보다 한참 뒤떨어지는 결과이다.

상황은 저절로 좋아지지 않을 것이다. 세상이 그러한 방향으로 가고 있기 때문이다. 시장市場의 분배구조에 들어가지도 못하거나 그 주변에 머물 수밖에 없는 사람이 점점 더 많아진다는 뜻이다. 시장이 제대로 작동할 수 없는 곳, 여기가 바로 국가의 '보충적' 역할이 필요한 곳이다.

시장 대신 공동체라도 작동해 주고, 기업을 비롯한 시장 주체들이 기업시민정신을 발휘해 주면 좋겠지만 국가가 이를 기다릴 수는 없다. 국가는 국가로서의 역할을 우선적으로 다해야 한다. 역시 앞 장章에서 이야기한 것처럼, 이들의 '공동생산'과 '프로슈밍' 활동을 유도하는 것과 함께 말이다.

무엇을 어떻게 해야 하는지 하나하나 짚어 보는 자리는 아니다. 하지만 큰 방향이라도 몇 가지 이야기했으면 한다. 우선 사회보험이 더 강화되어야 한다. 이를테면 의료보험 보장률도 높아져야 하고, 고용보험의 소득보장률과 급여기간도 높아지고 길어져야 한다.

특히 고용보험 문제는 평생교육체계의 강화와 연계하여 강력히 추진되어야 한다. 그래야 산업구조조정과 지식근로자 양성 등 우리 경제와 산업의 혁신기반을 다질 수 있다. 또 패자부활의 안전망을 강화함으로써 너도나도 도전을 두려워하지 않게 할 수 있다.

지금처럼 소득보장률이 낮고 급여기간이 짧은 상태에서는 수급자가 무엇을 계획할 수가 없다. 어쩌다 생긴 잔돈푼은 써버리고 말지만 머지않아 탈 적금은 어디에 쓸까를 계획한다. 같은 이치이다. 지금의 보장률과 기간은 '잔돈푼'이다. 모두들 그냥 챙겨 먹을 대상이다. 젊은 친구들이 실업급여 타 먹는데 정신이 팔려 있다고? 많은 부분 지금의 제도가 그렇게 가르치고 있다.

그리고 기초생활보장제도 등 공적 부조도 강화해야 한다. 지금 현재 수준으로는 국민 한 사람 한 사람의 사회권,

즉 인간다운 생활을 할 권리를 보장하지 못한다. 뿐만 아니라 자동화와 인공지능화 등이 불러오는 변화에도 대응하지 못한다. 특히 미래를 이끌어갈 젊은 세대가 많은 아픔과 고통을 겪을 것이다. 이들을 위한 준비를 해 주어야 한다. 미래의 수많은 한국판 J. K. 롤링을 위해.

어느 정도까지 강화해야 하느냐에 대해서는 많은 토론이 필요하겠지만, 기본적으로 지금 현재 GDP의 12.2%에 머물고 있는 사회비 지출을 '장기적으로' OECD 평균인 20% 선까지 끌어올린다는 각오로 해 나가야 할 것이다. 얼마나 '장기'가 될지는 토론을 해야 할 문제이지만 말이다. 이 문제는 잠시 후 다시 이야기하기로 하자.

사업체계와 관련하여서는 기본소득 개념을 적용할 필요가 있다. 무엇보다도 수백 개로 잘게 쪼개진 보조금 체계가 너무 어지럽다. 복지수혜자가 정보를 놓치기 일쑤다. 근로빈곤자를 위한 근로장려세제는 그 대표적인 예이다. 눈에 잘 띄는 크고 중요한 사업임에도 불구하고, 실제 수혜대상이 되는 사람은 그런 제도가 있는지도 모르는 경우가 많다. 그런 가운데, 소득이 잘 노출되지 않은 사람이 소득을 속인 후 수혜를 받는다. 기본소득 개념을 활용하여 사업체계를 단순화하고, 이를 통해 복지재정의 수요대응성을 높이는 한편, 과도한 관료체제 비용을 줄일 필요가 있다.

기본소득 개념을 적용할 때, '부負의 소득세negative income tax'처럼 그 대상을 선별적으로 하느냐, 아니면 '포괄기본소득universal basic income'처럼 포괄적으로, 즉 모든 국민을 대상으로 해서 하느냐를 두고 논쟁을 한다. 소득파악에 대한 어려움을 생각하면 무조건 포괄적으로 가야 한다. 즉 전 국민을 대상으로 하는 것이 옳다는 말이다. 부자에게도 줄 이유가 어디 있느냐 하지만, 포괄적인 만큼 더 많은 재정이 들어가고, 더 많은 재정이 들어가는 만큼 세금도 더 거두어야 한다. 결국 부자에게 가는 몫은 부자가 언제 더 내더라도 더 내게 되어 있다는 말이다. 따라서 부자까지 주는 것 자체를 두고 왈가왈부할 이유는 없다.

그러나 문제는 국가와 국가권력에 대한 신뢰문제이다. 납세자 대부분은 국가와 관료체제에 대한 불신이 높다. 그래서 세금을 '뜯기는' 것으로 생각하는 경향이 있다. 다시 자신에게 돌아온다고 해도 더 낼 의사가 없다. 말하자면 조세에 대해 저항적이다. 그런 의미에서 조세는 그 규모가 작으면 작을수록 좋다. 일정 소득 이하의 계층을 대상으로 하는 것이 더 효과적이라는 말이다.

이 경우, 소득파악에 적지 않은 행정비용이 소요되겠지만, 이 부분은 상황이 많이 좋아졌을 뿐만 아니라, 다른 일을 위해서라도 국가가 해 놓아야 할 일이다.

증세 없는 복지? 부자 증세?

돈 없이 복지를 확충한다? 소위 '증세 없는 복지'이다. 어떻게? 많은 사람이 이렇게 이야기한다. 정부지출의 구조조정을 통해서 필요한 재원을 마련하면 된다고. 좋은 일이다. 꼭 복지문제가 아니라 해도 줄일 수 있는 것은 줄이고, 하지 않아도 될 일은 하지 말아야 한다.

그러나 이 일이 얼마나 어려운 일인지 뚜껑을 열어보면 안다. 복잡한 구도 속에서 한참을 가다보면 부산으로 가려고 했던 배가 순식간에 삼천포로 간다. 관심이 있는 분은 레이건 행정부 초기, 백악관 관리예산처Office of Management and Budget 처장을 지냈던 데이비드 스톡크만David Stockman 이 《디 아트란틱The Atlantic》과 한 인터뷰, 〈The Education of David Stockman〉을 한번 읽어보기 바란다. 그 복잡한 구조가 우리와 별 차이가 없을 것 같아서 하는 말이다.

하지 말자는 말이 아니다. 그 정도의 각오를 해야 한다는 말이고, 그렇게 어려운 만큼 다른 방법, 즉 '증세'는 기본으로 생각하고 있어야 한다는 말이다. GDP의 1%만 더 쓴다 해도 매년 20조 원이 더 필요하고, 2%를 더 쓴다고 하면 매년 40조 원이 필요하다. 어디를 어떻게 구조조정해서 이 돈을 만들어 내겠는가.

부자증세도 마찬가지이다. 필요한 부분이다. 그러나 지금 우리 사회에서 이야기되고 있는 부자증세 안은 다분히 감정적이다. 최고 세율 위에 한 구간을 더 두자는 정도인데, 그래서 얼마를 더 거두어들이겠다는 것인가? 그래 봐야 몇 조 원이다. 그 정도로 지금 우리가 안고 있는 문제를 풀어나갈 수 있겠나. 그저 부자들 좀 힘들게 하겠다는 것이다.

증세와 규제완화 : 대타협

복지국가 스웨덴의 국민은 세금을 얼마나 낼까? 2020년 현재 국내총생산 대비 42.9%이다. 세금에다가 각종의 사회보장기여금을 합쳐서 그렇다. 그러면 이 세금을 누가 많이 낼까? 최상위 부자들? 천만의 말씀이다.

스웨덴의 경우 지방세가 소득에 따라 52%까지 과세된다. 그리고 국세 최고세율이 20%이다. 합치면 명목상 72%까지 갈 수 있다. 그러나 대체로 55~60%쯤에서 결정된다. 그런데 문제는 최고세율이 적용되는 사람이 얼마나 많으냐이다. 2021년 현재 537,200크로나 kronor 이상, 즉 우리 돈으로 약 7천만 원의 소득자에게 적용된다.

7천만 원? 그 정도 벌면 최고세율이 적용된다고? 그렇다. 평균 소득의 약 1.6배가 되면 최고세율이 적용된다. 누가 국가재정의 중심이 된다는 이야기인가? 중산층이다. 상위 1%도 아니고, 상위 10%도 아니다. 중산층이 국가재정의 대부분을 감당하고 있다.

다른 북유럽 국가들은 어떨까? 노르웨이도 마찬가지 평균 소득의 1.6배가 되면 최고세율이 적용된다. 사회유동성, 즉 계층이동이나 신분상승이 가장 용이한 국가로 유명한 덴마크는 어떤가? 이들 국가보다 더하다. 평균소득의 1.3배 정도의 소득자들에게 최고세율 55.9%가 적용된다.

중산층 중심의 이러한 과세구조는 '텍스웨지 tax wedge'에서도 잘 나타난다. 텍스웨지는 사용자가 근로자에게 지불

하는 돈과 실제 근로자가 받는 처분가능소득 간의 차이이다. 쉽게 말해 사용자가 100을 근로자에게 준다고 하자. 그리고 근로자는 세금과 사회보장기여금 등을 뗀 70을 받는다고 하자. 이때 그 차액 30이 텍스웨지가 된다. 결국 국가가 거두어 가는 돈이라 생각하면 된다.

이 텍스웨지가 나라에 따라 어떻게 다를까? 2020년 현재 아이 없는 독신single without child 중위소득자 기준으로 OECD 국가 평균은 34.62이다. 스웨덴은 42.67, 덴마크는 35.23이다. 그리고 우리는 23.26, 멕시코·칠레·뉴질랜드 다음으로 낮다. 중위소득자, 즉 중산층의 세금과 사회보장기여금이 다른 나라에 비해 그만큼 적다는 이야기가 된다.

실제로 우리의 경우 근로소득세 면제자 비율이 40%를 오르내린다. 법인세 역시 거의 유사한 경향을 보이는 것으로 알려지고 있다. 영국과 같은 나라가 통상 5% 미만, 그리고 대부분의 국가가 20~35% 정도라는 점에서 봤을 때 과다하다고 아니 할 수 없다.

이 부분에 대한 논의가 있어야 한다. 복지국가에 대한 생각이 있다면 부자증세나 증세 없는 복지를 이야기할 것이 아니라 국민 모두가 그 짐을 나누어지는 차원의 논의가 있어야 한다. 국민개세주의國民皆稅主義와 중산층 역할론이 그 것이다. 국민 대다수가 직접세로 1년에 몇 만 원을 내더라도 내어야 하고, 중산층은 더 내고 더 가져오는 방안을 논의해야 한다.

하지만 이와 관련하여 선행되어야 할 일이 있다. 그 하나는 정치와 관료제에 대한 국민 신뢰를 높이는 작업이 있어야 한다. 그래서 세금을 '뜯기는' 것으로 생각하는 문화가 없어지도록 해야 한다. 그래서 다시 한 번 이야기한다. 부패 전력이 있거나 투기전력이 있는 자들은 지방의원 한 자리도 하지 못하게 해야 한다. 그러면서 관료조직에 대한 개혁 작업을 진행해야 한다. 정치조직과 행정조직 모두가 '가치조직'으로 다시 태어나야 한다는 말이다.

더 중요한 작업이 있다. 법인세 및 소득세 실효세율 인상과 규제개혁을 교환하는 일이다. 일종의 사회적 대타협이다. 기업과 자본은 보다 자유로운 기업 활동을 보장받는 대신 세율인상을 받아들이고, 국가는 이들에게 자유로운 기업 활동을 보장하는 대신 경제적 불평등을 개선하고, 안전 망을 확충할 재원을 얻는 것이다. 그러면서 성장과 분배, 두 개의 날개를 펴는 것이다.

이러한 대타협을 통해 시장과 공동체는 자유를 찾고, 그 위에 자율과 자기책임의 구조를 만들어 가는 나라가 되어야 한다. 또 국가는 이들을 뛰게 하는 한편, 이들이 하지 못하는 '보충적' 역할을 통해 이들이 끌어안지 못하는 국민과 함께 하는 나라가 되어야 한다. 부자를 죽여 빈자를 살리는 게 아니라 부자와 빈자 모두 살 수 있는 길을 찾아야 한다는 것이다.

세상에 그런 나라가 있느냐? 있다. 완벽하게 따라갈 수는 없지만, 또 따라갈 이유도 없지만 덴마크를 비롯한 북유럽 국가들이 그렇고, 캐나다도 이에 가깝다. 다시 말해 시장이 자유로운 가운데 복지의 수준이 높은 국가들이다. 국민들이 진보에게는 이들 국가의 경제적 자유를, 보수에게는 이들 국가의 복지와 안전망을 공부하도록 '명령'하면 된다. 다시 말하자면 이들 국가를 따라가자는 것이 아니다. 우리에 맞는 성장과 분배, 시장과 국가의 조화를 찾자는 뜻이다.

광복, 이어서 근대화, 그리고 민주화, 이제 어디로 가야 하나. 이제 자유권과 자유주의를 바탕으로, 시장은 시장대로 공동체는 공동체대로, 국가는 국가대로 자율의 체제 위에서 서로 연대하는 가운데 뛰는 자유주의 세상, 안전망이 갖추어진 자유주의 세상으로 가야 한다.

10

———

국가주의의 해체
: 대통령 자격과 국민

대통령의 권력과 권한, 그것으로 우리 앞의 태산 같은 문제들을 풀지 못한다. 체제전환의 문제까지도 그렇다. 이를 풀 수 있는 힘은 국민에게 있다. 위대한 국민의 '공동생산,' 그 속에 길이 있다.

국민이 움직이도록 해야 하는 만큼, 역설적으로 사람, 즉 대통령의 문제는 더 중요하다. 대통령은 권력과 권한을 놓고 마이크를 쥐어야 한다. 국민에게 함께 미래로 갈 것을 요청해야 한다. 그러기 위해 비전과 가치를 가지고 있어야 한다. 또 정의롭고 공정해야 한다. 그러지 않고는 국민들 앞에 설 수도, '마이크' 를 쥘 수도 없기 때문이다.

어지러운 진영정치 속에서 부패하고 부도덕한 자도 이길 수는 있다. 그러나 세상을 바꾸지는 못한다. 진영정치 뒤에 있는 국민과 함께 할 수 없기 때문이다. 세상을 바꾸지 못한 대통령은 임기가 끝난 뒤, 홀로 역사의 심판대 위에 서야 한다.

국민은 자유주의적 접근에 따른 불편과 혼란을 인내할 수 있어야 한다. 그 인내 위에서 성장담론과 분배담론이 함께 하는 위대한 자유주의 역사를 열어가야 한다.

10-1

내 삶을 책임지는 국가?

일상에서의 불감증

제8장과 제9장에서 국가의 보충적 역할로서의 분배문제를 이야기하였다. 시장과 공동체의 영역 등 국가가 없어도 될 곳에는 과도하게 존재하는 국가가, 2차 분배의 현장 등 정작 국가가 있어야 할 곳에는 제대로 존재하지 않는 것을 보았다. 이제 마지막 장章, 다시 국가가 과도하게 존재해서는 절대 안 되는 영역에서의 자유주의 문제로 돌아가자.

많은 사람들이 국가가 우리의 삶에 얼마나 깊숙이 들어와 있는지 잘 느끼지 못한다. '여기서 얼마나 더 자유로워야 되지?' 고개를 갸우뚱거린다. 오히려 문재인정부가 내건 '내 삶을 책임지는 국가' 같은 구호를 반가워한다. '그래, 국가가 내 인생을 책임져야지.' 한마디로 일상에서의 불감증이다.

그러다 작은 사업이라도 시작하면 조금 다르게 느끼기 시작한다. '왜 이런 것까지 정부의 허가를 받아야 하지?' '왜 이런 것까지 국가가 간섭을 하지?' 아니면 '왜 이게 죄가 되지?' 하지만 이때까지도 국가권력의 과도함이 잘 느껴지지 않는다. 그냥 짜증이 나는 정도이다.

자주 다니는 식당의 주인 말도 그렇다.

"근로시간 52시간 규제를 이렇게 밀어붙이는 게 말이 되나."

말에 짜증이 섞여 있다. 그 옆에 있던 종업원도 한 마디 거든다.

"여기 끝나면 다른 데 가서 일해요. 이것만 가지고 어떻게 살아요. 오고 가고 시간만 더 들죠."

역시 짜증이 섞여 있다. 하지만 영 죽을듯한 표정은 아니다.

그러다 좀 더 심각한 일이 일어나면 그때서야 그 앞에서 분노하고 좌절한다. 정부규제로 하고 싶은 연구나 사업을 못하게 되었을 때, 돈이 급히 필요한데 정부의 갑작스런 담

보대출비율 인하로 돈을 못 빌리게 되었을 때, 아니면 좋아하는 사람이 생겼는데 같은 고조할아버지 자손이라 결혼을 못하게 되거나 하는 일 등이다. 그때서야 '내 삶을 책임지는 국가' 따위의 구호가 조금 달리 보인다.

알고서는 못 한다

요즘 다들 많이 쓰고 있는 '토스' 서비스, 소자본으로 창업한 기업의 가치가 2021년 현재 수조 원에 이른다. 그런데 시범운영을 하고 있을 때 규제당국으로부터 한 장의 문건이 날아든다. 더 이상 이 서비스를 운영하지 말라는 내용이었다. 공동창업자 한 사람은 전화를 받자마자 그대로 길에 주저앉았다. 그리고 이 서비스는 문을 닫았다.

다행히 당시 대통령까지 관심을 표명하면서 다시 문을 열었다. 그리고 그것이 지금에 이르고 있다. 그러나 지금도 여전히 규제와의 싸움 아닌 싸움, 새로운 일을 시작할 때마다 거대한 벽에 부딪친다. 다음은 현 CEO의 말이다. 몰라서 시작했지 알았으면 시작하지 않았을 것이라는 그의 말이 인상 깊다. 2012년 12월 EO Entrepreneurship &

Opportunities와의 인터뷰 중 일부다.

"그전까지 그런 방식으로 돈을 보내거나 받아도 된다고 한 사람이 아무도 없었으니 다른 사람들도 관련 사업을 진행하지 않았던 거죠. 저희는 금융을 잘 몰랐기 때문에 법문만 읽고 아무 문제없으니 진행해도 되겠다고 생각했던 거고요."

"결과적으로 2014년 4월 23일에 서비스를 내렸었습니다. 다시 연 게 2015년 2월 26일이었으니까 재개하기까지 거의 1년 남짓이 소요됐어요. 그렇게 오래 걸릴 줄 몰랐는데, 그 사실을 알았다면 아마 못 버텼을 거 같아요."

또 하나 이야기하자. 1991년 지방의회가 30년 만에 부활되자 부천시의 일부 시민들과 시민단체는 의미 있는 일을 시작했다. 중·고등학교 앞에 설치되어 있는 담배자판기를 철거시키자는 운동이었다. 아이들에게 백해무익, 정말 하고 싶었던 일이었다. 다들 간단할 줄 알았다. 지방의회가 조례만 제정하면 되는 일로 생각했고, 지방의회도 대환영이었다. 이보다 쉬운 일이 어디 있겠나.

그러나 전혀 쉽지 않았다. 예나 지금이나 지방의회가 제정하는 조례는 '법령의 범위'를 넘을 수 없게 되어 있는데, 당시 이 문제를 관장하던 재무부의 '령' 하나가 자동판매기를 통해서 연초를 판매할 수 있다고 규정하고 있었기 때문이었다. 중앙정부의 '령'이 할 수 있게 한 것을 '조례'가 못하게 할 수가 없었다. 결국 YMCA YWCA 등을 중심으로 온 시민이 들고일어났다.

"학교 앞 담배자판기 하나도 철거하지 못하는 것이 무슨 놈의 자치냐."

시민 서명운동이 벌어지고 변호사협회와 의사협회도 나섰다. 그래도 이 '령'은 쉽게 고쳐지지 않았다. 결국 시민들의 분노가 거의 극한점에 이르렀을 때, 재무부는 이 '령'에 단서조항을 하나 집어넣었다.

"자동판매기를 통해서 연초를 판매할 수 있다. 다만, 지방자치단체의 조례로 이를 제한할 수 있다."

드디어 조례가 통과되었다. 시민들은 열광했고, 모든 언론들이 찬사를 아끼지 않았다. '부천시민 장하다.' '부천시의회를 보라.' 하지만 조례가 '30일 이내'의 철거를 규정하고 있는데도 담배자판기는 싹 철거되지 않았다. 왜냐고? 당시의 지방자치법은 기초지방자치단체가 조례에 독자적인 처벌규정을 두지 못하게 하고 있었기 때문이다. 처벌규정을 못 두니 '빈 깡통'이 따로 있나. 이게 '빈 깡통'이었다.

논리는 간단했다. '죄형법정주의罪刑法定主義,' 즉 죄와 형은 법으로 다스리게 되어 있는 원칙에 어긋난다는 것이었다. 벌과 형을 주고 싶으면 중앙정부가 법을 만들어 하나하나 위임을 해 주어야 한다고 했다. 즉 담배자판기 조례의 경우, 국회가 '담배자판기설치금지법' 같은 것을 만들어, 그 안에 지방자치단체는 조례로 1천만 원 이하의 벌금을 부과할 수 있다는 식의 규정을 해 주어야 한다는 말이다.

이번에는 학자들까지 나섰다. 죄형법정주의罪刑法定主義는 왕권을 제한하기 위한 원칙이지 시민의 권리를 제한하기 위한 것이 아니라는 것이었고, 그런 점에서 조례도 법으로 봐야 한다는 주장이었다. 하지만 이 논리는 '소수설'로 끝내 받아들여지지 않았고, 지금도 그런 상태에 있다. 즉 지방자치단체는 어떤 경우에도 독자적인 벌칙을 정할 수 없다.

다만 이 과정에서 합의를 본 것이 하나 있다. 과태료를 1천만 원 이하 부과할 수 있도록 한 것이다. 그것도 과태료는 '형벌刑罰'이 아니라는 해석을 해서 그렇게 한 것이다. 이로 인해 '담배자판기설치금지조례'는 그나마 과태료를 5백만 원 부과할 수 있다는 조항을 넣을 수 있었다.

몇 년에 걸친 '투쟁'의 결과였다. 하지만 꼭 이 건과 관련된 것은 아니지만, 세상에는 과태료를 겁내지 않는 사람이 많다. 어차피 낼 형편도 안 되고 압류당할 그 무엇도 없는 사람, 아니면 돈이 많아 그 정도에는 눈도 깜짝하지 않는 사람 등이다. 그 내용이 무엇이건, 이들 앞에 지방자치단체의 조례는 여전히 '빈 깡통'이다.

하나만 더 이야기하자. 노무현정부가 끝난 이후 노무현 대통령을 지원한 것으로 알려진 한 기업인이 구속되었다. 여러 가지 죄목이 있었지만 가장 중요한 것은 '횡령죄'였다. 골프장과 섬유회사를 경영하고 있던 그는 골프장에 돈이 쌓이면, 이를 빌려주는 형태로 섬유회사로 옮겼다. 그러다 쓸 일이 있으면 다시 가져오곤 했다.

회사는 양쪽 모두 주식회사의 형태였지만 본인이 거의 모든 주식을 다 가지고 있는 사실상의 개인회사였다. 부인과 아들이 겨우 몇 %를 가지고 있는 정도였다. 돈이 어떻게 오가든 손해를 입을 주주도 없었고, 금융회사에 진 부채도 없었다. 골프장 회원도 불과 수백 명, 회원권 값을 다 합쳐도 골프장 자산의 5분의 1도 안 되는 상황이었다.

어쨌든 빌려주었다가 가져오고, 또 빌려주었다가 가져오고, 그리고 남아 있는 것은 제로, 하나도 없었다. 그런데 그에게 주어진 혐의는 '수백억 원 횡령'이었다. 왔다 갔다 한 돈을 다 합친 금액이 횡령액이었다. 이사理事라고 해 봐야 배우자와 아들, 그리고 비서실장인데 돈을 빌려줄 때마다 이 이사회의 의결을 거쳐야 하는데, 그러지 않고 이 문제에 관한한 대표이사가 알아서 한다는 내용의 '포괄위임'을 받아 처리한 것이 위법이라는 것이다.

그게 왜 죄가 되나? 돈이 도망간 것도 아니고, 이자까지 붙어서 제 자리에 와 있지 않나? 그리고 결국은 이쪽에 있든 저쪽에 있든 같은 사람의 돈이고… 그러나 주변의 변호사를 포함해 법을 아는 사람들이 말했다. 이 나라의 법이 그렇다고. 대개는 그냥 넘어가지만 '걸면 걸리게 되어 있다'고. 또 법원의 판례도 그렇다고.

대전교도소에 수감된 상태로 재판을 받는 그가 내게 말했다. 얼마나 억울했으면 같은 소리를 열 번 가까이 되풀이했겠나.

"오른쪽 주머니의 돈을 왼쪽 주머니로 옮겼다가 다시 가져왔다. 평생 비자금이란 것을 모르고 살았고, 번 돈도 자식 일부 주고 나머지는 다 세상을 위해 쓰려 했다. 횡령을 했으면 이 돈이 다른 바지 주머니에라도 가 있어야 하는 것 아니냐. 모두 내 주머니 안에 있다. 나와 내 가족이 주식 100%를 가지고 있고. 왜 이게 횡령이냐."

법정에서 그가 한 말은 평생 잊지 못할 것이다.

"판사님, 저는 제가 왜 이 자리에 서 있는지 모르겠습니다."

그것은 분노도 아니었다. 그것조차도 넘어선 무엇이었다. 그는 결국 교도소 안에서 악화된 지병으로 60세가 되기도 전에 세상을 떠났다. 1심 유죄, 2심 유죄, 그래도 죽기 전에 이것이 죄가 아니라는 판례를 남기고 싶어 했지만, 대법원은 그의 소원을 들어주지 않았다. 그가 세상을 떠난 뒤 공소 자체를 기각했다.

내 삶을 책임지는 국가?

다시 말하지만 일을 하는 사람, 더욱이 새로운 일을 추진하는 사람은 안다. 인가, 허가, 승인, 지도, 감독, 조사…. 국가권력이 우리를 얼마나 짜증나게 하고, 또 움직이지 못하게 하는지를. 새로운 사업을 한다는 것은 사실상 정부규제와의 싸움이라 해도 과언이 아니다.

토스의 CEO는 몰랐기 때문에 시작할 수 있었다고 했다. 몰랐기 때문에 버틸 수도 있었다고 했다. 역으로 얼마나 많은 사람이 알기 때문에 시작하지 못하고, 알기 때문에 버티지 못하는가를 생각해 보라. 기업가는 수많은 규제 앞에서 사업의 꿈을 접고, 연구자는 수많은 규제 앞에 연구를 접는다. 지방의원도 수많은 법령 앞에 제대로 된 조례 하나도 만들 생각을 하지 못한다.

교육 사업을 하겠노라 평생 돈을 모으던 사람도 교육부 관리의 부하가 될 것 같다는 생각에 모든 것을 접는다. 그리고 그 자리에는 그런 대우를 받아도 남을 것이 있다고 생각하는 사람들이 들어간다. 악덕 사학재단들이 다 그런 경우들이다. 누가 양화를 구축하고 악화를 불러들이는가. 국민의 '공동생산'과 '프로슈밍'이 곧 국가의 힘인 세상에 말이다. 많은 부분 교육을 독점하겠다고 덤비는 국가기구, 굳이 말하자면 교육부이다.

선의를 가진 사학재단의 이야기를 들어보라. 멋모르고 교육에 뛰어든 자신들을 매일같이 자책한다. 이야기의 끝은 늘 이렇다. '다른 것 다 해도 학교는 하지 마라.' 자립형 사립학교를 하라 마라. 이 과목은 가르치고 저 과목은 가르치지 마라. 그 속에서 설립자가 가진 교육의 꿈이 살아날 수가 있겠나.

지방의회도 마찬가지이다. 의미 있는 조례 하나 만들지 못해도 좋고, 계층화된 권력구조 아래 국회의원의 하수인이 되어도 좋다고 생각하는 사람들이 대거 그 주변을 맴돈다. 다행히 선의를 가진 국회의원들이 없지 않고, 선의를 가진 지방정치인들이 없지 않아 그나마 이만큼이라도 유지하고 있다.

나라의 혁신동력이 이렇게 가라앉고, 성장과 분배의 기운이 이렇게 가라앉고 있다. 이래도 내가 느끼지 못한다고, 내가 살아가는 데 당장에 큰 지장이 없다고, '내 삶을 책임지는 국가' 따위의 구호를 그럴 듯하게 받아들이겠는가? 그 내용이 무엇이든 간에, 그 말 자체에 화가 나지 않는가. 스스로도 책임지지 못하는 국가와 국가권력이 어떻게 내 삶까지 책임지겠다는 것인가. 결국 내 손과 발을 묶고, 그런 다음 돈으로 나를 사겠다는 것 아닌가? 그것도 내 아들 딸, 손자 손녀가 갚아야 할 빚으로 말이다.

10-2

권력과 권한의 횡축(橫軸) 이전과 종축(縱軸) 이전
: 정치를 줄이는 정치

권력과 권한의 이전

어떻게 할 것인가? 국가의 역할을 줄여야 한다. 대통령과 국회를 비롯한 국가기구의 권한을 줄이는 것이다. 아니, 보다 정확히 이야기하자면 책임을 줄이는 일이다.

지금은 가장 중요한 국가기구, 대통령과 국회부터 소화할 수 없는 음식을 잔뜩 쌓아 놓은 형상이다. 쌓여 있는 음식은 썩기 마련, 한 쪽이 썩으면서 다른 부분까지 썩게 만든다. 즉 대통령과 국회가 잘할 수 있는 영역까지 못하게 만든다는 말이다. 좋은 강의를 하려면 무엇을 말할 것인가를 결정하는 것 이상으로 무엇은 말하지 않겠다는 생각을 해야 한다. 이것저것 좋은 이야기라고 다 말하다 보면 강의가 되지 않기 때문이다. 지금의 대통령과 국회의 형상이 그렇다. 세상일을 하나의 짧은 강의에 다 집어넣겠다는 어리석은 말쟁이 같다.

그 결과, 이것도 저것도 안 된다. 그러면서도 살아남기는 해야 하니 대통령도 국회도 이상한 '짓'만 한다. 제4장과 제5장에서 말한 것처럼 '퍼포먼스'를 하고, 돈을 뿌리고, 진영 논리를 동원하며 세상을 어지럽힌다. 또 선거 때만 되면 동료와 동지를 잘라내고 새로운 사람을 불러들여 생 얼굴을 가리는 분식粉飾을 한다.

그러는 가운데 우리는 계속 짜증이 나고, 이런저런 문제는 계속 터진다. 그리고 교육개혁, 금융개혁, 노동개혁, 산업 구조조정… 풀어야 할 문제는 점점 더 미궁 속으로 들어간다. 대통령은 그 숱한 '짓'에도 불구하고 '죽어 나가고,' 국회의원 역시 그 숱한 '짓'에도 불구하고 상대의 추함이나 들춰내는 '파렴치'가 되어 간다.

국가권력, 즉 대통령과 국회가 가진 권력과 권한부터 횡축橫軸과 종축縱軸을 따라 이전시켜야 한다. 강의를 하는 것에 비유하면 무엇은 말하고 무엇은 말하지 않을 것인지를 정한 뒤, 말하지 않을 것은 과감하게 잘라버리는 것이다.

횡축(橫軸) 이전

먼저 횡축으로는 혁명적 규제완화 등을 통해 국가의 역할을 줄이고, 시장과 공동체의 역할을 키워야 한다. 교육, 산업, R&D, 금융, 노동 등에 있어서의 승인, 허가, 지도, 감독 등의 규제를 제로베이스에서 검토하여 과감하게 없애 주어야 한다. 그리고 그 자리에 이해당사자들이 만들어가는 자율과 '자기책임'의 질서가 들어설 수 있도록 해 주어야 한다.

이를테면 사립학교의 회계를 교육부가 감독할 것이 아니라, 학교의 구성원인 교직원과 학생, 그리고 학부모가 균형적 관계에서 세부사항까지를 볼 수 있도록 해 주어야 한다. 학내 세력의 균형을 맞추고, 투명성만 보장하면 될 일에 교육부가 나설 이유가 없다. 필요한 것은 자율과 자기책임의 질서이지 교육부의 감독이 아니다.

학교를 세우는 것도 마찬가지이다. 학부모 수백 명이 모여 조합을 만들고, 우리 아이를 이렇게 키우겠다고 하면 그

것이 학교이지, 교육부가 무슨 권리로 그것이 학교다 아니다, 심지어 학교라는 명칭을 사용하는 것을 허용하느니 마느니 하나. 교육부 관리가 학부모보다 아이들의 교육과 미래를 더 걱정한다는 근거는 도대체 어디에 있나.

기업의 불공정 거래나 소비자에게 피해를 주는 행위에 대해서도 그렇다. 기업과 기업 간의, 또 기업과 소비자 간의 힘의 균형을 맞추어 주는 것이 중심이 되어야 한다. 이런 점에서 특정 국가기관만이 불공정 거래를 고발할 수 있도록 한 공정거래위원회의 전속고발권 같은 것은 말이 안 된다. 또 소비자 집단소송제도에 대한 지나치게 방어적인 자세도 그렇다.

전속고발권만 해도 그렇다. 공정거래위원회의 관료도 한 사람의 인간이다. 나름대로 개인적 이해관계를 바탕으로 합리적 선택을 한다. 이런 사람들에게 독점적 권한을 주고, 고발되지 않기 위해 있는 힘, 없는 힘 다 쓰는 기업 앞에 던져 놓고, 고발건수가 적다느니 하는 것이 말이 되는가. 이런 구조 속에서 나라면 제대로 고발하고 너라면 제대로 고발하겠나.

고발이 제대로 안 되니 의무고발요청제, 즉 검찰총장·감사원장·조달청장·중소벤처기업부장관이 고발을 요청하면 공정거래위원회가 의무적으로 고발하게 하는 제도까지 도입하는데… 왜 이렇게 피해기업이나 소비자의 직접 고발을 막는 데 힘을 쏟고 있나. 물론 이들의 고발을 허용하는 경우, 고발이 남발될 우려가 있다. 그러나 이것은 이것대로 제도를 잘 디자인해서 막을 일이지, 원천적으로 이를 반대할 일은 아니지 않은가.

그 외의 많은 일도 그렇다. 노사문제는 노勞와 사使가 합의하면 되는 문제이다. 노사정위원회에 사실상의 결정권을 주면 된다. 또 대기업 노조문제는 다른 나라의 연대임금제 등을 참고하여 중소 협력업체의 노동자 등이 대기업 노조를 견제할 수 있는 구도를 만들어 주는 것이 중요하다. 대통령이든 국회든, 국가기구가 직접 해결하겠다고 덤빌 일이 아니라는 말이다.

횡축으로 많이 덜어내면 덜어낼수록, 또 시장과 공동체 안에 자율과 자기책임의 질서가 자리 잡으면 잡을수록, 우리 사회는 더 정의롭고 더 공정하게 된다. 그러면서 역동성과 혁신성이 살아 움직이게 된다. 짐을 덜어낸 대통령도 정말 해야 할 개혁에 집중하면서 그나마 대통령다운 대통령이 될 수 있다. 또 국회도 어쩔 수 없는 한계가 있기는 하지만 그나마 조금 국회다운 모습을 보이게 될 것이다.

종축(縱軸) 이전

종축縱軸으로의 권한 이전, 즉 지방분권 문제도 매우 중요하다. 앞서도 이야기하였지만 우리는 자치단체장과 지방의원을 선출하고 있을 뿐, 제대로 된 지방자치를 하지 않고 있다. 자치단체장이 하는 일도 중요한 일의 대부분은 국가의 위임사무이다. 중앙정부가 그 기준과 절차 그리고 처리 과정과 내용을 다 정한 뒤 처리하게 하는 사무라는 말이다. 지방의회는 자치사무를 주로 처리하는데, 그 폭이 매우 좁다.

재정적으로도 사정이 딱하다. 재정자립도를 의미하는 것이 아니다. 우스운 이야기를 하나 하자. 노무현정부 시절, 야당의 어느 국회의원이 '재정자립도가 떨어졌다'며 정부를 질타했다. 지방분권을 강조한 정부가 오히려 이 문제에 있어 뒷걸음질 치고 있다는 이야기였다.

재정자립도는 중앙정부의 지원이 많아질수록 떨어지게

되어 있는 법, 지방정부의 재정력을 키우기 위해 교부세 지원을 늘렸으니 떨어지는 것이 당연했다. 그리고 교부세라는 것은 중앙정부가 일체 간섭을 하지 않는 돈이고, 법과 공식에 의해 자동으로 지방정부로 가게 되어 있다. 그래서 '제2의 자주재원'으로 불린다. 그런 돈을 더 지원해 준 것을 마치 지방재정이 더 나빠진 것처럼 질타를 했으니… 전문가들과 학자들 사이에 두고두고 코미디가 된 '사건'이었다.

중요한 것은 '재정자립도'가 아니라 '재정력', 즉 지방정부의 행정수요를 감당할 수 있는 재정적 능력인데, 방금 말한 '제2의 자주재원'인 교부세까지 다 합쳐도 그 수준이 형편없다. 일부 광역시 자치구의 경우 인건비와 의무적으로 지출해야 하는 사회복지비가 예산의 거의 다를 차지한다. 자치를 하려 해도 자치할 돈이 없는 것이다.

여기에 다시, 지방정치는 철저히 중앙정치에 예속되어 있다. 영호남의 많은 지역의 경우 자치단체장은 임명권자만 대통령에서 국회의원으로 바뀌었을 뿐, 예나 지금이나 사실상 임명직이다. 제 몸도 못 가누는 중앙정치가 지방정치를 좌지우지하고 있는 것이다.

이런 구조로는 미래가 없다. 길게 이야기할 이유가 없

다. 앞서 가는 모든 나라가 지방자치를 하고 있는 데는 그만한 이유가 있기 때문이다. 믿지 않을지 모르지만 지방정부는 중앙정부보다 혁신이 몇 배나 빨리 일어난다. 중앙정부는 사실상 경쟁자가 없는 데 비해, 지방정부는 다른 지방정부들과 경쟁을 하게 되어 있기 때문이다. 소위 내부경쟁internal competition의 원리이다.

그런데 지금 우리의 지방자치는 이러한 내부경쟁조차도 막고 있는 수준이다. 개혁하고 혁신할 의미 있는 권한도 돈도 없으니 경쟁을 하고 말고가 없다. 지방정부가 변하면 중앙정부도 압박을 받는다. 지금은 지방정부가 변하려 해도 변할 수가 없으니, 중앙정부도 또한 이 상태로 안주하고 있는 것이다.

일반 행정과 재정, 교육, 산업, 노동 등 많은 분야에서, '선先분권, 후後보완'의 원칙 아래 대통령과 국회의 권한 등 국가의 권한을 과감하게 지방으로 이전해야 한다. 그러지 않고서는 아래로부터의 역동성과 혁신성이 살아나지 않는다. 대통령과 국회의 기능 과부하 문제도 해결되지 않음은 물론이다.

횡축과 종축으로 권력과 권한이 이동하고 나면 국가가

줄어든다. 국가가 줄어든 만큼 정치의 영역도 줄어든다. 당연히 느려빠진 속도의 정치가 빠르게 움직이는 시장과 공동체의 발목을 잡는 일도 줄어든다. 살아 있지도 죽지도 않은 정치가, 또 권력기구들이 그래도 살겠다고 버둥거리며 만들어 내는 온갖 '짓'도 줄어들 것이고, 그로 인한 혼란과 소음도 줄어들 것이다. 그러면서 정치는 조금이나마 신뢰를 회복할 수 있다. 정치를 살리기 위해서라도 정치를 줄이는 정치가 필요한 시점이다.

10-3

대통령과 국민

대통령의 역할

다시 한 번 말하자. 노동개혁, 교육개혁, 금융개혁, 산업 구조조정… 이 태산 같은 문제 앞에 대통령은 왜소해질 대로 왜소해진다. 출세하고 싶고 특혜를 얻고 싶은 사람들에게는 '무소불위'로 보이는 대통령의 권력도 이 과제들 앞에서는 한갓 삽자루에 불과하다. 태산을 삽자루 하나 들고 옮긴다? 5년 단임을 4년 연임으로 바꾸고 해 봐야 마찬가지이다. 조금 나아질 수는 있겠지만, 그렇다고 하여 슈퍼맨이 되는 것은 아니다.

국회 또한 마찬가지이다. 우리 앞에 놓인 문제 앞에서는 왜소해질 대로 왜소해진다. 개별 국회의원 입장에서는 더하다. 관심을 가지면 가질수록, 노력을 하면 할수록 무력감을 느낀다. 아예 잊고, 권력의 사다리를 어떻게 올라갈 것인가만 생각하는 게 오히려 마음이 편하다. 매일 표 계산이나 하고, 언론에 내가 어떻게 비치는가만 생각하면서 말이다.

문제는 대통령이다. 손에 들고 있는 것이 삽자루든 뭐든 이 모든 문제에 적당히 지나갈 수가 없다. 그 입장이 국회의원과도 다르고 일반 정치지도자와도 다르기 때문이다. 이들 일반 정치인은 역사적 책임에서 빠져 나갈 수가 있지만, 대통령은 빠져 나갈 수가 없다. 반드시 역사적 심판을 받게 되어 있기 때문이다. 그래서 어떡하든 이 문제를 풀어야 한다.

길은 하나다. 이 태산을 옮길 수 있는 사람과 같이 해야 한다. 그게 누구냐. 국민이다. 지식과 정보, 열정, 혁신역량, 공동선에 대한 높은 의식… 이 모든 것을 갖춘 우리 국민이다. 국민 한 사람 한 사람이 우리 앞에 놓인 문제를 인식하고, 이를 같이 해결하려 할 때, 비로소 그 실마리가 풀린다. 제7장에서 이야기한 위대한 국민의 '공동생산,' 위대한 국민의 '프로슈밍,' 이것이 새로운 시대의 열쇠이다.

역사는 이미 자유주의의 방향으로, 또 탈국가주의의 방

향으로 흐르고 있다. 그런 세상에 있어, 권력은 더 이상 세상을 바꾸는 수단이 아니다. 삽자루 하나도 채 안 되는 권력을 내려놓아야 한다. 앞서 말한 것처럼 권력과 권한을 횡축과 종축으로 이전시키면서 시장과 공동체, 더 나아가서는 이 나라의 모세혈관이라 할 수 있는 국민 한 사람 한 사람이 뛸 수 있게 해야 한다.

대신 '마이크'를 쥐어야 한다. 그리고 여유가 있는 사람은 양보하고, 어려운 사람은 인내하고, 그렇게 해서 같이 미래를 열어가자고 말해야 한다. 그냥 말해서 되겠나. 분명한 비전을 보여 주어야 한다. 양보하고 인내하며 같이 가면, 5년 뒤, 10년 뒤 이 나라가 어떻게 되고, 우리의 후손들이 어떠한 삶을 살게 될 것인가를 말해 주어야 한다. 분명한 비전과 가치, 이것 없이는 마이크를 쥘 수 없다.

대통령의 자격 : 정의와 공정

제7장에서 이야기하였지만 세상은 이미 공정과 정의 등 보편적 가치가 강조되는 쪽으로 움직이고 있다. 커피를 마셔도 공정무역 커피를 마시고 과자 하나를 사도 환

경오염의 원인이 되는 과대포장된 제품은 사지 않는다. '갑질' 시비가 있는 경영주는 아예 경제계를 떠나야 하는 수준의 압력을 받기도 한다.

기업들도 윤리경영을 선언하는 등 이러한 방향으로 빠르게 움직이고 있다. 하지만 정치권은 이러한 변화에 유난히 둔감하다. 양당 구도 아래 경쟁이 제한적이기 때문이다. 그리고 정치권을 둘러싸고 있는 1차 외곽세력이 옳고 그름을 따지지 않는, 이기고 지고만을 생각하는 진영세력이기 때문이다.

상황이 이렇다보니 정치권에서는 공정과 정의를 비롯한 보편적 가치의 문제가 잘 떠오르지 않는다. 또 그런 가운데 부패하고 부도덕한 인사가 정치권의 중심을 차지하기도 한다. 그러나 명심할 일이 있다. 부패하고 부도덕한 자도 이길 수는 있다. 정치 자체가 이 모양이니까 말이다. 그러나 그것으로 끝, 세상은 못 바꾼다. 진영전선 너머의 국민을 움직이지 못하기 때문이다.

권력으로 세상을 바꾸는 시대에는 그런 사람도 세상을 바꿀 수 있었다. 권력이 곧 개혁과 혁신의 수단이었기 때문이다. 그러나 이제 그런 시대가 아니다. 개혁도 혁신도 국민과 함께 하는 시대이다. 부패하고 부도덕한 자가 무슨 수로 이 국민과 함께 하겠나.

정당 또한 마찬가지이다. 부패한 자들을 껴안고도 이길 수는 있다. 그러나 세상은 바꾸지 못한다. 국민의 냉소 위에서 무엇을 이루어낼 수 있겠는가. 하루가 다르게 보편적 가치에 더 무게를 두고 있는 국민들 앞에서 말이다. 그러니 허구한날 하는 일이 눈속임이다. 당의 이름을 바꾸고, 사람을 바꾸고, 상대에 대한 분노를 일으키고⋯. 그래서 이긴들 또 살아남은들 새 '안동김씨'나 새 '풍양조씨'밖에 더 되겠나.

원하는 것이 무엇인가? 이기는 것인가? 세상을 바꾸는 것인가? 답하기 전에 미리 하나 말해 둘 것이 있다. 우리 정치에서는 이기는 것이 정말 이기는 것이 아니다. 전직 대통령들의 연이은 불행에서 보듯 '승자의 저주winner's curse'가 있다. 세상을 바로 잡지 못하는 대통령은 곧 그러한 저주의 대상이 된다.

국민 앞에 권력 대신 마이크를 쥐어야 하는 대통령, 그 마이크를 통해 국민에게 함께 할 것을 요청해야 하는 대통령, 그는 정의롭고 공정해야 한다. 또 정의롭고 공정한 사람들과 함께 해야 한다. 그렇지 않으면 그는 국민을 움직이지 못한다. 당연히 세상을 바꾸지 못한다. 태산 앞에 삽자루 몇 번 흔들다가 역사의 심판대 위에 홀로 서게 된다. 그가 심판대 위에 설 때는 그 누구도 그와 함께 하지 않는다. 정의롭지 못하고 공정하지 못한 자일수록 먼저 대통령을 떠난다. 또 다른 대통령을 만들고, 또 '죽이기' 위해.

대통령 선거를 앞둔 시점이라 다시 한 번 강조한다. 대통령은 정의롭고 공정해야 한다. 선거운동이 시작되면 이기기 위한 전술 전략이 판을 친다. 무조건 이겨야 한다는 이야기만 들린다. 그러나 대통령이 되고자 하는 사람은 이기기 위해 잘못된 가치와 타협하지 말아야 한다. 영혼을 팔지 말아야 한다. 그럴 바에야 차라리 지는 것이 옳다. 명분 있는 패배, 그것은 긴 아쉬움을 남기면서, 두고두고 이 세상의 빛이 된다. 잊지 말아야 한다. 역사의 심판대에 홀로 오를 사람은 그 누구도 아닌 그 자신이다.

사람이 아닌 체제, 즉 국가주의 체제가 조선의 세습왕조처럼 또 하나의 '망국의 늪'이 되고 있는 상황, 역설적으로 사람의 문제, 이를테면 대통령이 어떤 자세로 무엇을 어떻게 하느냐가 더 중요해진다. 체제전환까지 이루어내야 하기 때문이다. 자유주의 정신을 바탕으로 한 비전과 가치, 그리고 정의와 공정을 말할 수 있는 자격으로 무장된 리더십이어야 한다. 이것 없이는 무능한 정치와 불행한 대통령의 역사를 멈추지 못한다. 어지러운 상황일수록 근본적 가치와 원칙을 중시하라 했다. 지금이 바로 그런 때이다.

국민의 책무 : 인내와 분노

이문열의 소설 《우리들의 일그러진 영웅》의 마지막 부분을 보자. '독재자' 엄석대가 쫓겨나다시피 떠난 후, 교실은 엉망이었다. 다들 말하고 싶은 대로 떠들었고, 하고 싶은 대로 행동했다. 혼란, 그 자체였다. 그러나 담임선생님은 이 혼란을 그저 보고만 있었다.

잘못된 이해나 엇갈리는 생각 때문에 아무리 교실 안이 시끄럽고 학급의 일이 갈팡질팡해도 담임선생님은 철저하게 모르는 척했다. 토요일 오후 자치회가 끝없는 입씨름으로 서너 시간씩 계속돼도, 반장 부반장이 건의함을 통해 밀고 된 대단치 않은 잘못으로 한 달에 한 번씩 갈리는 소동이 나도 언제나 가만히 지켜보고 있을 뿐, 충고 한 마디 하는 법이 없었다.

한 학기가 다 지난 뒤에야 학급이 정상으로 돌아왔다. 무엇이 학급을 그렇게 돌아오게 했을까? 혼란 속에서 자란 자정능력, 이문열은 그 이유를 이렇게 적고 있다.

> 서너 달 앞으로 닥친 중학교 진학 준비로 아이들의 관심이 온통 그리로 쏠린 까닭도 있지만 그보다는 경험에서 얻은 교훈이 자정 능력을 길러 준 덕분이 아닌가 한다. 서로 다투고 따지고 부대끼고 시달리는 그 대여섯 달 동안에 우리는 차츰 스스로를 규율한다는 게 어떤 것인가를 배우게 된 것이었다.

이것이 단지 소설 속에나 있는 이야기일까. 아니다. 우리 주변에 거의 매일같이 일어나는 일이다. 비싸게 받고 싶은 사람과 싸게 사고 싶은 사람이 서로 밀고 밀리다 가격이 형성되고, 서로 죽일 것 같은 노勞와 사使가 극적인 타협을 이루기도 한다. 중요한 것은 인내, 즉 자정능력이 자라고, 자율과 자기책임의 질서가 자랄 때까지 기다려 주는 것이다. 《우리들의 일그러진 영웅》에서의 담임선생님처럼.

마냥 그냥 인내하자는 이야기는 아니다. 우리 정치권처럼 제한된 경쟁과 잘못된 보상과 징벌체계 등 기득권 집단이 만들어 놓은 모순이 존재하는 곳에서는 그 틀을 깨는 인위적 노력들이 있어야 한다. 제9장에서 논의한 잘못된 1차 분배구조도 마찬가지이다. 많은 부분 분노를 느껴야 하고, 그런 만큼 의도적인 노력이 있어야 한다. 그러나 많은 경우 우리는 우리의 자정능력을 믿어야 한다.

우리는 너무 쉽게 국가를 부르고 권력을 부른다. 작은 혼란도, 또 작은 불편도 국가가, 또 국가권력이 해결해 주기를 원한다. 내 머릿속에 나도 모르게 들어와 있는 국가주의적 사고 때문이다. 다양성보다 획일성을 선호하고, 무엇이든 일사불란하게 처리되기를 원하는 그런 마음 말이다. 성찰이 필요한 부분이다.

더 이상 이래서는 안 된다. 우리는 성공을 향한 열정과 높은 혁신 역량, 그리고 높은 공동선 의식을 가진 위대한 국민이다. 뿌리 깊은 모순에는 분노하며, 또 새로운 자유주의적 접근이 만들어 내는 혼란과 불편에는 성찰하고 인내하며, 성장담론과 분배담론이 함께하는 위대한 자유주의의 역사를 열어가야 한다.

똥꽃- 아르가르의 향기 / 김호석 作

북방아시아의 초원지대는 동물의 고향이다. 그들은 식물의 고향은 바람이라고 말한다. 그들에게 동물들은 드넓은 초원지대의 주인공들이다. 인간이 가축을 거느리며 삶을 이동하는 것이 아니라 오히려 동물들의 이동에 그들의 삶을 맞춰 왔다. 동물은 풀을 따라 이동하고 사람은 동물을 따라 삶의 공간을 치열하게 바꾼다.

초원은 처음에는 아무것도 자라지 못하는 황무지였다. 식물은 쉽게 자리 잡지 못한다. 씨앗은 바람과 싸우면서 바람에 기댄다. 씨앗은 거센 바람에 저항하면서, 바람이 숨을 고르는 마디마디를 노린다. 척박한 황무지, 초원의 숨소리를 가득 안고, 자연의 진동에 몸을 맡긴 소가 몸속의 소중한 배설물을 밀어내면 상황은 달라진다. 둥그렇게 퍼진 소똥 위에 바람이 이동시켜 놓은 식물의 씨앗이 안착한다. 정확히 똥의 크기만큼 풀이 자란다. 그래서 초원지대는 소똥의 크기만한 수많은 원형점이 존재한다. 점은 선이 되고 선은 면이 되면서 영역이 확장되어 가는 것이다. 동물의 똥이 풀의 원형점이 되고 그 풀은 다시 또 다른 동물의 먹이가 되는 순환의 연결고리가 된다. 또 인간은 동물이 배설한 마른 똥을 땔감으로 사용하여 음식과 난방을 해결한다. 인간은 동물과 식물이 만들어 낸 조화 속에서 생을 유지해 왔던 것이다. 소똥은 몽골어로 아르가르라고 한다. 쓸모없이 버려진 것이 가장 쓸모 있고 향기로운 풀의 자양분이 된다. 자연을 양육하고 자연 질서가 회복되는 경지다. 경이로움 그 자체다. 역사는 이름 있고 탁월한 현자들에 의해 유지되는 것 같지만 기실 그 중심에는 이름 한자 남기지 않고 자신의 본분을 다하는 무명씨의 위대한 점들이 만든 것인지도 모른다.

내가 아르가르의 향기를 그린 이유다.

국가,

있어야 할 곳에는 없고,
없어야 할 곳에는 있다.

글 김병준 | 발행인 김윤태 | 발행처 도서출판 선 | 편집 · 교정 김창현 | 북디자인 디자인이즈
등록번호 제15–201 | 등록일자 1995년 3월 27일 | 초판 1쇄 발행 2021년 9월 9일 2쇄 발행 2021년 10월 15일
주소 서울시 종로구 삼일대로 30길 23 비즈웰 427호 | 전화 02–762–3335 | 전송 02–762–3371

값 15,000원
ISBN 978–89–6312–605–0 03300